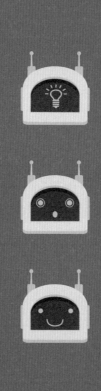

챗GPT 시대
10대를 위한 진로직업

초판 1쇄 인쇄일 2023년 4월 28일
초판 1쇄 발행일 2023년 5월 3일

지은이 이보경
펴낸이 김지영 **펴낸곳** 지브레인^{Gbrain}
편집 김현주
제작 · 관리 김동영 **마케팅** 조명구

출판등록 2001년 7월 3일 제2005-000022호
주소 04021 서울시 마포구 월드컵로7길 88 2층
전화 (02)2648-7224 **팩스** (02)2654-7696

ISBN 978-89-5979-779-0 (15370)

챗GPT 시대

10대를 위한 진로직업

이보경 지음

지브레인

챗GPT 가입 순서

1.구글 접속창에 챗 GPT를 검색합니다.

2,맨 위에 뜨는 오픈 AI를 클릭하세요.

3. 오픈 AI 창에서 TRY ghat GPT를 클릭하세요. 그럼 다음과 같이 화면에 나타납니다.

4. sign up(회원가입)을 누르면 다음과 같은 화면이 뜹니다.

5. 구글 이메일인 gmail이나 마이크로소프트 이메일이 있다면 입력하세요. 혹시 없다면 가입하세요.

6. 비밀번호를 입력한 후 continue를 클릭하세요.

7. 입력한 이메일로 인증 메일이 자동으로 전송됩니다. 그럼 이메일로 가서 전송된 메일을 확인해 주세요.

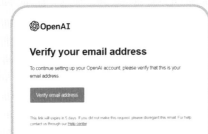

8. 입력한 이메일을 열어 인증버튼을 클릭하면 됩니다.

9. 계속해서 핸드폰 번호를 넣어주세요. 대한민국의 국가번호는 82번이에요. 그 뒤를 이어서 핸드폰 번호를 입력하고 Send code를 누르세요.

10. 핸드폰으로 전송된 인증번호를 입력하세요.

11. 이름과 성을 입력하고 continue를 누르면 가입이 완료됩니다. 이제 여러분은 자유롭게 챗GPT를 이용할 수 있게 되었습니다.

12. 가입이 완료되었다면 오픈 AI사이트로 돌아가 로그인하세요(오른쪽 상단 언어 설정에서 한국어를 선택하면 더 편하게 이용할 수 있어요).

생성형 AI 플랫폼과
이미지형 AI 플랫폼

AI Greem https://aigreem.com

Renyu AI https://renyu.ai

Artbreeder https://www.artbreeder.com

Midjourney Beta https://www.midjourney.com/app

NovelAI https://novelai.net

Blue Willow https://www.bluewillow.ai

DALL-E2 https://labs.openai.com

Karlo https://kakaobrain.com/techplayground/karlo/demo

Deep AI https://deepai.org

Autodraw https://www.autodraw.com

Dream https://dream.ai/create

Portraitai https://portraitai.app

Text2Art https://text2art.com

Craiyou https://www.craiyon.com

Deepdreamgenerator https://deepdreamgenerator.com

2023년 3월 대화형 인공지능 GPT4가 세상에 나왔습니다. 사람들의 반응은 폭발적이었습니다. 한편에서는 '너무 빨리 왔다'며 위기감과 두려움을 느끼거나 나와는 무관한 세계다라며 무시하는 사람도 있습니다.

GPT4를 바라보는 시각은 개인마다 다르지만, 이제 세상은 싫든 좋든 GPT4 이전과 GPT4 이후로 나뉠 것입니다.

2007년 우리는 스마트폰의 혁명을 경험했습니다. 단순 통화에서 은행, 메일, IoT로 가전제품 제어까지 핸드폰의 기능은 폭발적으로 확대되었습니다 그리고 이제 챗GPT가 그러한 충격을 줄 것이라는 전망이 나오고 있습니다.

앞으로 우리는 키워드를 검색하여 얻은 정보로 다양한 일을 하던 시대에서 벗어날 것입니다. 그리고 이 작업은 챗GPT나 혹은 이와 유사한 형태의 생성형 인공지능이 담당할 것입니다.

지금은 금지되고 있지만 머지않은 미래 어느 날, 챗GPT가 써준 레포트를 숙제로 내는 것이 더 이상 문제되지 않을 것이며 기업의 프레젠테이션에 챗GPT의 의견이 반영될 날도 올 것입니다.

챗GPT는 글뿐만 아니라 우리가 원하면 그림도 그려줍니다. GPT4와 같은 생성형 그림 인공지능인 달리2나 미드저니, 카카오 브레인의 칼로(AI 화가) 등은 내가 원하는 스타일의 그림을 다양한 표현 방식으로 생성해 줍니다. 실사화부터 애니메이션, 만화, 인상화 등을 원하는 대로 단 1분이 되지 않는 시간에 그려주는 것이죠.

음악은 어떨까요? 구글의 작곡 인공지능인 musicLM은 나의 목소리, 휘파람, 허밍만으로도 재즈, 클래식, 팝, 펑키, 힙합 등 다양한 장르로 작곡을 해주는 시대가 되었습니다.

이것이 무엇을 의미하는지 아직은 감이 오지 않을지도 모르겠습니다. 우리가 처음 스마트폰의 혁명을 마주했을 때처럼요.

원하는 단어나 정보를 찾기 위해 사전과 책을 찾아보던 시대에서 네이버나 구글과 같은 플랫폼에서 키워드를 검색하던 시절로 넘어오며 우리는 정보의 정확성과 빠른 답을 얻기 시작했습니다. 이때 정보에 가장 빠르고 정확하게 접근하기 위해서 단어를 중요시했습니다. 어떤 단어가 핵심 키워드인지, 그것을 선점하고 찾는 것이 능력이었습니다.

그리고 이제 그 세상에서 한 단계 더 나아간 챗GPT의 세상에서는 키워드보다 더 중요한 것이 있습니다.

바로 '질문'입니다.

GPT4에게 우리는 '원하는 것이 무엇인지 잘 설명해야 하고 질문해야 합니다.' 대화형 인공지능이기 때문입니다. 인류에게 최초로 인간 아닌, 말하는 친구가 생긴 것이죠.

대화의 핵심은 화자의 능력입니다. GPT4는 정교한 질문에 정교한 대답을, 범위가 넓은 질문엔 포괄적인 대답을 합니다.

'인공지능의 미래는 어떨까'와 '미래 너와 같은 인공지능과 일을 한다면 사람들은 너를 무엇이라고 생각할까?'라는 질문은 대답이 달라집니다.

인공 지능의 미래는

인공지능의 미래는 매우 밝다. 현재 인공지능 기술은 계속해서 발전하고 있으며, 머신러닝과 딥러닝 기술의 발전으로 인공지능 시스템의 만원과 성능이 크게 향상되었습니다. 이러한 발전은 인간이 수행하는 다양한 작업에 대한 인공 지능의 적용 가능성을 넓혀주지만, 많은 산업 분야에서 인공 지능 기술이 적용되고 있습니다.

인공 지능 기술이 더욱 발전하여 더 복잡하고 어려운 문제를 해결하는 미래에는 있을 것으로 보입니다. 예를 들어, 인공 지능이 척추 분야에서 암 진단과 치료, 실용적인 개발을 활용할 수 있을 뿐만 아니라, 지능형 주행 자동차와 같은 분야에서도 중요한 역할을 할 것입니다.

그러나 인공 지능이 발전하면서 새로운 문제가 발생할 수 있습니다. 예를 들어, 인공지능이 인간을 대신해 결정을 저지르는 경우에는 청구인과 학생적 문제가 제기될 수 있습니다. 이러한 문제를 해결하기 위해 인공 지능 기술의 발전과 함께 당면적 지침과 약물 규제 등이 필요한 것입니다.

총체적으로 인공 지능은 농부로 발전하며, 더 많은 분야에 있어 보인다. 이러한 발전은 인류에게 많은 이익을 제공할 수 있지만, 동시에 새로운 문제를 제기할 수도 있고, 지속적인 논의와 대화가 이루어질 것입니다.

미래의 너와 같은 인공 지능과 일하게 된 사람들은 너를 어떻게 생각할까

거기에는 인공 지능이 현재보다 더욱 발전하여, 인간과의 연계 작용이 미래에 더욱 가까워지고 자연스러워질 것으로 예상됩니다. 따라서 미래에 인공지능과 일하게 된 사람들은 ChatGPT와 같은 인공지능을 도구로 활용하여 일을 실천하는 것이 인간이 될 것입니다.

또한 인공지능이 일부 업무를 대신 수행적으로 이루어지게 되면, 일하는 사람들은 보다 전문적인 업무나 창조적인 일에 더욱 집중할 수 있게 되는 것입니다. 인간과 인공 지능이 접합적으로 일하는 것이 좋은 결과를 가능하게 한다는 것을 보여줍니다.

그러나 인공지능이 인간을 복제할 수 있는 분야에서 일하게 된다면, 일하는 사람들은 이에 대해 간파할 수 있습니다. 따라서 인공지능과 함께 일하는 사람은 인공지능이 작업하는 작업의 최전선과 장단점을 잘 파악하고, 인공지능과 인간 각자의 역할과 한계를 최대한 활용하는 방법을 찾아야 할 것입니다.

총체적으로 미래에 인공지능과 일하게 된 사람들은 인공지능과의 결합 작용을 자연적으로 닮을 수 있고, 전문적인 업무나 창조적인 일에 더욱 집중할 수 있을 것입니다.

'인공지능의 미래는 어떨까' 와 '미래 너와 같은 인공지능과 일을 한다면 사람들은 너를 무엇이라고 생각할까'에 대한 챗GPT의 답.

GPT4가 세상에 선보여진 후 우리의 시대는 빠르게 변화할 것입니다. 전문가의 영역이라고 생각했던 그림뿐만 아니라, 교육, 예술, 방송, 법, 정보통신, 정치, 문화 등 다양한 분야에 걸쳐 영향을 미치게 될 것입니다.

무엇보다 사라질 직업과 새로 만들어질 직업, 직무가 변화하게 될 직업 등 직업에서 큰 변화가 올 것입니다. 우리는 영화나 애니메이션에서 상상하던 것들이 어쩌면 가능할 수 있다는 것을 GPT4의 등장으로 경험하게 되었습니다. 이미 챗GPT의 시대는 시작되었고 따라서 우리는 이 천재적인 도구를 어디에 어떻게 사용할 것인가를 생각해야 합니다.

≪챗GPT 시대 10대를 위한 진로직업≫은 크게 두 개의 카테고리로 나뉩니다. 하나는 인공지능을 구현하는데 필요한 직업과 또 하나는 GPT가 몰고 올 직업의 변화입니다.

챗GPT가 앞으로 얼마만큼 성장하게 될지는 알 수 없습니다. 이 세상에는 GPT4뿐만 아니라 알파고, 람다, 버트, 왓슨, 달리 등 다양한 분야에 특화된 엄청난 능력을 가진 수많은 인공지능이 존재합니다. 알파고가 이세돌을 이긴 2016년 이후 불과 7년만에 그때와는 비교도 할 수 없는 능력을 가진 존재가 세상에 거센 변화를 가져오기 시작했습니다.

앞으로의 우리는 인공지능과 친구가 될 것인지 아니면 경쟁자가 될 것인지 선택해야만 합니다. 피해갈 수는 없는 세상이 되었으니 우리의 선택은 우리의 미래를 결정할 것입니다.

≪챗GPT 시대 10대를 위한 진로직업≫에서는 전문적인 내용과 복잡한 기술을 설명하기보다 간단한 우화나 쉬운 예를 들어 챗GPT를 어떻게 이용할 것인

지, 어떤 효과를 볼 수 있는지, 우리는 무엇을 해야 하는지를 설명하는 것에 목적을 두었습니다. 그러니 여러분은 편안한 마음으로 인류의 또 하나의 친구가 될 인공지능과 함께 무엇을 할 수 있는지를 살펴보시길 바랍니다.

많은 시간을 투자해야 했던 것들이 단순화되면서 더 많은 일을 할 수 있는 시대에 미래 직업을 선택하기 위해서는 무엇을 목표로 해야 할지 이 책이 도움이 되길 바랍니다.

이제 챗GPT의 진로직업의 세계로 함께 여행을 떠나볼까요?

목차

3장 챗GPT와 우리는 무엇을 할 수 있을까요?

4장 챗GPT 시대 사라지는 직업과 사람만이 가능한 직업

1 인공지능!
넌 누구니?

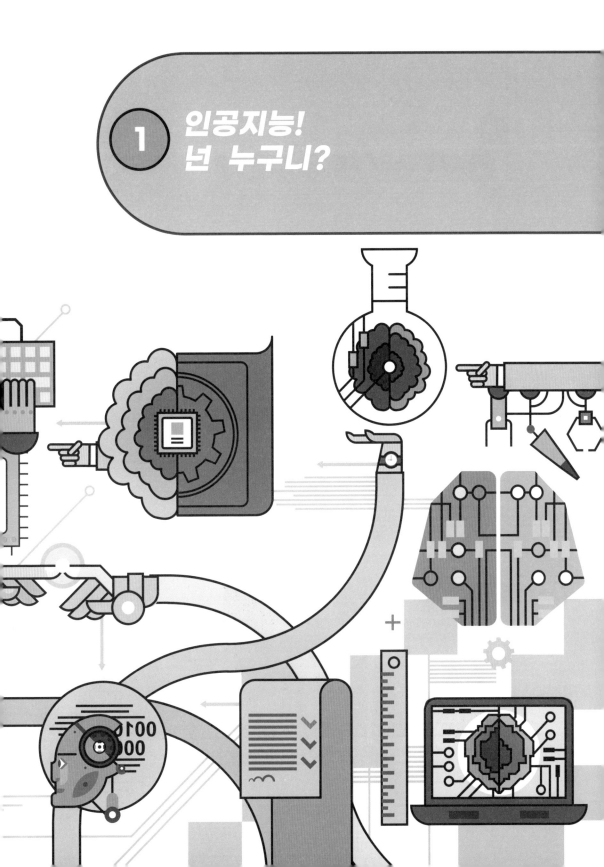

인공지능! 넌 누구니?

그런 상상해 본 적 있나요? 내 말을 척척 알아듣고 심부름도 해주고 명령하지 않아도 스스로 집안일을 하는 로봇이 있다면 얼마나 좋을까? 생각만 해도 재미있을 것 같지 않나요?

인공지능은 여러분의 상상처럼, 사람을 대신해서 스스로 일을 처리하는 지능을 가진 기계를 만들고 싶은 인간의 꿈으로부터 시작되었습니다.

인공지능은 하나의 프로그램이자 시스템이라고 할 수 있습니다. 인공지능이 자동차에 실리면 자율주행차가 되고 로봇에 실리면 인공지능 로봇이 되며 검색과 연결되면 여러분도 잘 알고 있는 '시리'나 'OK구글', '클로바'와 같은 인공지능 비서가 됩니다.

요즘 인공지능이라는 말이 엄청난 인기를 끌고 있는데, 그렇다면 인공지능은 언제부터 연구가 시작된 것일까요?

똑똑한 인공지능을 만들려면 뛰어난 과학기술이 필요한 만큼 최근에 시작된 연구일까요?

사실 인공지능에 대한 연구는 아주 오래전부터 시작되었습니다.

처음으로 인공지능이라는 말을 사용한 사람은 미국의 컴퓨터 과학자인 존 메카시였습니다. 메카시는 1956년 즉 지금으로부터 65년 전에 미국에서 열린 다트머스 학회에서 처음으로 인공지능이라는 말과 개념을 소개했습니다.

그런데 메카시가 인공지능의 시작을 알린 사람은 아닙니다. 메카시보다 더 전에 인공지능의 개념을 최초로 말한 사람은 컴퓨터의 아버지라고 불리는 앨런 튜링입니다.

앨런 튜링은 영국 출신의 천재 수학자로 제2차 세계대전 당시 결코 풀 수 없다고 했던 독일의 암호 장치인 애니그마^{Enigma}를 풀어내 전쟁을 승리로 이끄는 데 큰 역할을 했습니다.

또한 그가 개발한 '튜링머신'은 일종의 연산장치로 지금의 컴퓨터의 시조라고 평가받고 있습니다.

엘렌 튜링은 생각했습니다.

앨런 튜링과 튜링머신.

"아무리 복잡한 연산이라도 이것을 단위별로 잘게 쪼개면 아주 단순한 연산의 연속이 된다. 그래서 이 단순 연산을 이어 붙이면 복잡한 문제를 해결할 수 있다."

앨런 튜링은 지금의 컴퓨터 코딩과 알고리즘 개념의 시작인 이와 같은 발상을 수학 연산뿐만 아니라 인간에게까지 넓혔습니다. 만약 자신의 연산장치를 '인간의 생각하는 능력'과 '행동'에도 적용할 수 있다면 사람처럼 말하고 행동하는 기계가 탄생할 수 있을 거라고 생각한 것이죠. 이것이 인공지능 이론의 시작입니다.

제대로 된 컴퓨터조차 없던 시절에 앨런은 튜링머신이라는 기계를 통해 지금의 소프웨어와 컴퓨터의 기초 개념을 전부 정립해둔 천재였지만 젊은 나이에 세상을 떠나야만 했습니다.

앨런 튜링이 없었다면 지금의 컴퓨터는 없거나 지금과 같은 발전을 누릴 수 없었을지도 모릅니다.

앨런 튜링은 튜링머신뿐만 아니라 '튜링테스트^{turing test}'로도 유명합니다. '튜링테스트는 1950년 앨런 튜링이 고안해낸 테스트로, 인간과 대화를 하는 기계가 사람처럼 대화할 수 있는지를 테스트하는 것입니다. 앨런 튜링은 기계가 사람과 자연스럽게 대화할 수 있으면 지능이 있는 것이라고 말했습니다.

튜링테스트에 참가하는 평가자는 두 개의 방을 차례로 방문합니다. 각각의 방에는 컴퓨터와 진짜 사람이 기다리고 있습니다.

평가자는 이 둘과 컴퓨터를 통해 문장으로 대화를 주고받으며 둘 중 누가 사람인지 평가하게 됩니다. 만약 평가자가 둘 중에서 누가 진짜 사람인지 가려낼 수 없을 정도로 대화가 자연스럽다면 그 컴퓨터 장치는 인공지능을 가지고 있으므로 통과하게 됩니다.

그리고 2014년 유진이라는 인공지능이 이 테스트를 통과했다는 소식이 전해집니다.

하지만 이는 꼼수를 부린 테스트였고 여전히 사람과 완벽하게 대화가 가능한 인공지능은 나타나지 않았습니다.

그럼에도 불구하고 이 튜링테스트는 인공지능의 발전에 큰 역할을 합니다.

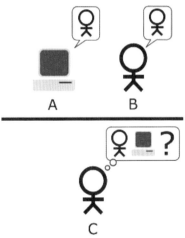

앨런 튜링은 컴퓨터와 사람이 각각 있는 방을 방문한 참가자가 문자대화를 통해 누가 사람인지 구분할 수 없다면 인공지능을 가진 컴퓨터라고 말했습니다.

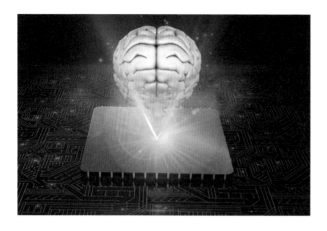

앨런 튜링의 인공지능 연구 후 수많은 과학자들이 인간과 같이 생각하고 행동하는 기계를 만들기 위해 노력해왔습니다.

하지만 인공지능을 만드는 것은 생각처럼 쉽지 않았으며 수많은 시행착오를 겪어야만 했습니다. 이런 어려움 속에서도 인공지능 개발자와 연구자들은 꿈을 포기하지 않았습니다.

그 결과 지금까지는 꿈에 불과하다고 생각했던 본격적인 인공지능의 시대가 챗 GPT를 통해 열리기 시작했습니다.

2 인공지능의 종류를 알아보아요.

인공지능[AI]은 특정 기술 하나를 의미하는 것이 아니라 사람처럼 생각하고 말하고 추론하고 예측할 수 있는 지능을 갖춘 시스템 전부를 말합니다.

우리가 영화 속에서 보았던 스스로 생각하고 판단하여 문제를 해결하는 인공지능을 강인공지능이라고 합니다.

이런 인공지능을 만들기에는 아직 갈 길이 멉니다. 강인공지능에 비하면 현재 인공지능은 걸음마 수준이기 때문이죠.

그러나 인공지능 개발은 오랜 세월 꾸준히 한 걸음씩 발전하였습니다.

지금부터는 수많은 연구자와 개발자에 의해 연구되어왔던 다양한 인공지능의 종류에 대해 알아보겠습니다.

① 규칙기반 인공지능[AI]

규칙기반 인공지능은 ─ 만일 A라면 B를 한다─ 라는 정해진 규칙에 의해 작업을 수행하는 인공지능을 말합니다. 예를 들어, '열이 40도 이상이라면 '네'를 선택한다'와 같은 수준입니다.

정해진 규칙을 벗어나지 않기 때문에 스스로 예측하거나 규칙에서 벗어난 문제는 답을 찾을 수가 없습니다. 또 어떤 일을 시

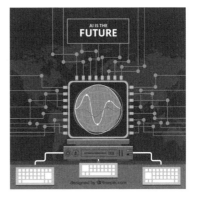

킬 때 일의 수와 순서에 따라 규칙을 정해주어야만 합니다. 따라서 만약 일이 20개라면 20개의 코딩을 사람이 직접 해야 하는 불편함이 있습니다.

하지만 장점도 있습니다. 정확한 답이 정해진 일을 시키거나 문제에 대해 나올 수 있는 답이 많지 않을 때는 아주 편리합니다.

예를 들어, 독감인지 아닌지를 판단할 때 자신의 체온과 몸 상태를 입력하면 독감여부를 알려주는 인공지능이나 고정된 항로로 비행하는 비행기의 자동항법장치, 복잡하게 보이지만 규칙대로 관리하고 정산되는 회계 관리 프로그램 등과 같은 일에는 매우 도움이 됩니다.

자동항법시스템은 자동차 운행, 비행기나 선박 등 다양한 곳에서 이용하고 있거나 이용하게 될 것입니다.

 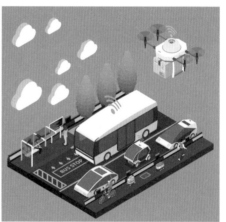

또 인공지능에게 입력할 데이터의 양이 꼭 많아야 할 필요도 없습니다. 왜냐하면 이미 잘 정리된 데이터가 준비되어 입력되기 때문입니다. 따라서 인공지능을 만드는 비용도 상대적으로 적게 듭니다.

결국 규칙기반 인공지능은 영화나 만화 속에 나오는 사람과 같은 생각과 판단을 하며 알아서 일을 수행하는 인공지능은 될 수 없지만 사용 목적에 따라 오히려 유용할 수도 있어서 완전히 사라질 분야는 아닙니다.

② 기계학습(머신러닝)

기계학습은 머신러닝이라고도 합니다. 말 그대로 컴퓨터(기계)에게 공부를 시키는 것이지요. 앞에서 살펴본 규칙기반 인공지능은 사람이 직접 코딩해 준 잘 정리된 데이터 안에서 규칙적으로 움직여 문제를 해결합니다. 그러나 기계학습은 인공지능이 스스로 문제를 해결할 수 있도록 교육하는 방법입니다. 우리가 학교에서 선생님께 교육을 받아 사

회생활에 필요한 규칙을 배우는 것을 떠올리면 이해가 좀 더 쉬울 것입니다. 그리고 기계학습은 사람의 개입을 최소한으로 하는 것으로, 인간이 꿈꾸는 인공지능에 조금 더 가까이 다가간 형태라고 할 수 있습니다.

그렇다면 인공지능은 어떻게 교육받는 걸까요?

선생님마다 교육 방식이 다르듯 인공지능을 교육하는 방식도 여러 가지가 있지만 대표적인 방법으로는 다음 세 가지가 있습니다.

– 지도 학습

지도 학습은 이름에서 알 수 있듯이 인공지능에게 하나하나 문제와 답을 알려주는 방식의 교육을 말합니다.

여러분은 개와 고양이를 어떻게 알게 되었나요? 아기였을 때는 개와 고양이를 구별하지 못했을 것입니다. 그런데 엄마와 아빠, 주변 사람들을 통해 고양이와 개를 구별하는 교육을 받으면서 구분할 수 있게 되었을 것입니다.

엄마, 아빠와 함께 하는 외출에서 산책 중인 강아지나 길에서 사는 고양이를 만났을 것이고 털 색과 크기가 다르지만 귀와 꼬리 등 다양한 공통점을 눈으로 보면서 개와 고양이를 구별할 수 있게 되었을 것입니다.

지도 학습을 받는 인공지능도 아기와 같은 상태에서 교육받게 됩니다. 연구자가 수많은 고양이와 개의 사진을 입력해서 구별할 수 있는 답을 주는 것이죠. 이때 쓰는 고양이와 개의 사진은 많으면 많을수록 좋습니다. 그만큼 더 많은 정보를 인공지능은 습득하게 되니까요.

이처럼 지도 학습을 통해 공부한 인공지능은 이후 데이터에 없는 개나 고양이 사진을 입력해도 그동안 공부한 개와 고양이 사진을 바탕으로 '개'인지 '고양이'인지를 구분할 수 있게 됩니다.

고양이와 강아지는 털과 귀, 눈동자, 얼굴형 등이 다르지만 각각 종의 특성을 가지고 있습니다.

그렇다면 지도 학습으로 교육받은 인공지능은 어디에서 주로 이용하고 있을까요?

현대사회에서 대표적으로 사용되는 곳은 부동산 예측, 스팸메일 분류, 기상 예측, 질병예방 계획 등이 있습니다.

스팸메일을 분류하는 것도 지도 학습을 받은 컴퓨터의 일입니다.

– 비지도 학습

비지도 학습은 지도 학습과는 다르게 컴퓨터에게 문제만 주고 답을 알려주지 않는 방식입니다.

선생님이 여러분에게 수학 퀴즈를 낸 뒤 답을 알려주지 않았다면 여러분은 어떻게 할까요?

여러분은 답을 찾기 위해 생각하고 질문하며 문제 해결 방법을 알아볼 것입니다.

그런데 문제를 해결할 방법을 알려준다면 훨씬 시간이 적게 걸리고 많은 노력을 하지 않아도 되는데 문제만 있으니 답답할 것입니다.

그럼에도 왜 이런 방법을 선택했을까요?

이는 시간과 노력을 많이 필요로 하지만 스스로 답을 알아내는 동안 다양한 사고력과 수학 문제를 풀기 위한 지식 습득 그리고 과정을 통해 많은 것들을 배울 수 있어서 자기주도형 학습의 장점이 많은 방법입니다.

인공지능도 이와 비슷합니다. 비지도 학습을 통해서 교육받는 인공지능은 수많은 데이터를 입력받게 되면 스스로 분류할 수 있도록 알고리즘이 짜여져 있습니다.

인공지능에게 비지도 학습으로 개와 고양이를 교육시키기 위해 사람이 해야 할 일은 개와 고양이 사진을 최대한 많이 입력해 주는 것입니다.

지도 학습과의 차이가 무엇이냐고 질문할 수도 있습니다.

이 두 가지 학습법의 차이는 지도 학습이 개인지 고양이인지 하나하나 알려주지만 비지도 학습은 그저 고양이와 개의 사진을 수만 장에서 수십 만 장 입력만 해 주고 인공지능은 그 수많은 개와 고양이 사진 속에서 공통점과 차이

점을 스스로 구별하여 분류하면서 개와 고양이의 특징을 알아내는 것입니다.

이 과정에서 창의적 사고력이 발휘되는 사람처럼 인공지

능도 새로운 방식을 찾아낼 수도 있습니다.

하지만 비지도 학습에도 단점이 있습니다. 어마어마한 양의 데이터가 필요하다는 것입니다. 그러다 보니 컴퓨터의 사양도 좋아야 하고 인공지능을 교육하는 비용도 많이 들어가게 됩니다.

비지도 학습은 주로 취향을 분석해서 추천을 해 주는 인공지능에 많이 사용되고 있습니다. 최근 전 세계 사람들에게 인기가 높은 플랫폼인 유튜브의 맞춤 동영상 추천 서비스나 인터넷 쇼핑의 추천검색, 페이스북의 알 수도 있는 사람 추천, 드라마나 영화 추천 등 고객의 성향 데이터를 분석하여 서비스를 제공하는 일이 대표적인 예입니다.

유튜브에서 강아지나 고양이 동영상을 보면 곧 비슷한 다른 동영상들이 추천으로 뜨는 것을 경험하게 됩니다.

– 강화학습

강화학습을 설명하기 위해서 다시 여러분의 아기 시절로 돌아가 볼까요? 인공지능을 교육시키는 것은 사람이 배워가는 과정과 많이 닮아 있습니다.

어린 아기가 처음 걸음마를 배울 때를 떠올려 보세요. 아기가 처음 걸음마를 시작할 때 아기는 두 다리에 힘을 주고 서툴게 일어납니다. 하지만 얼마 못가 꽈당하고 넘어질 확률이 높습니다.

아기는 넘어져 울다가 다시 일어나서 걷고 또 넘어지고를 반복합니다. 이렇게 수십 번 수백 번 실수를 통해서 걷는 방법을 알아가게 됩니다. 그때 엄마와 아빠를 비롯한 가족들은 '아이구 잘 한다'며 칭찬해 주거나 용기를 북돋아 주면 아기는 칭찬이라는 보상을 받게 되고 칭찬받은 행동을 집중적으로 반복하면서 걷는 것을 터득해 나갑니다.

이때 가족들이 하는 일은 충분한 칭찬을 보상으로 주는 것뿐입니다. 아이는 칭찬에 힘입어 스스로 걷는 방법을 알아내게 되는 것입니다.

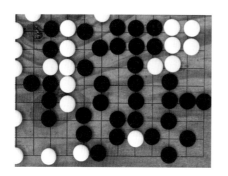

이와 같은 원리를 인공지능에 적용한 것이 강화학습입니다. 앞서 이야기한 지도 학습, 비지도 학습과는 달리, 강화학습을 하는 인공지능은 어떤 문

제나 답도 없이 무작위로 실행하도록 명령 받습니다. 아기가 어떻게 걷는지 알지 못하는 상태로 무작정 일어나 걷는 것처럼 말이죠.

　강화학습은 게임에 많이 적용되고 있습니다. 2016년 우리나라의 이세돌 9단을 이겨 세상을 깜짝 놀라게 한 인공지능 알파고도 대표적인 강화학습 인공지능의 예입니다.

　알파고는 바둑을 어떻게 두어야 하는지 알지 못한 채 미리 입력된 수백만 장 이상의 기보(바둑 두는 법을 적은 책)를 바탕으로 대국 상대와 바둑을 둡니다.

　이 과정에서 사람이 하는 일은 단지 기보를 인공지능이 읽을 수 있도록 입력하는 것뿐입니다. 알파고는 입력된 기보를 학습하며 수많은 시행착오 끝에 점점 더 승리로 가는, 알고리즘을 스스로 찾아내게 되고 결국은 승리하게 됩니다.

군사적 목적으로 개발된 드론은 갈수록 더 많은 다양한 분야에서 이용하고 있습니다.

강화학습의 장점은 인간의 개입이 거의 없이 문제를 해결해 나가는 훈련을 한다는 것입니다. 그리고 진짜 사람처럼 사고하는 인공지능에 가장 가까운 형태의 인공지능이라고 할 수 있습니다.

로봇이 계단을 오르내리고 자율주행차가 경로를 찾아가고 드론이 원하는 목적지까지 잘 운행하고 알파고가 바둑을 연습하는 데 이용되는 학습법이 바로 강화학습입니다.

드론은 농사를 짓고 물류를 배달하고 교통관리에 투입되거나 영화, 이미지 촬영 또는 오지 탐험 등 다양한 곳에 쓰이고 있고 그 활용가치는 갈수록 높아지고 있습니다.

하지만 강화 학습도 단점은 있습니다. 수많은 시행착오를 겪는 시간과 반복되는 시행착오 때문에 로봇이나 드론이 망가질 수도 있으며 비용이 많이 들어 단순하고 쉬운 문제를 해결하는 데는 오히려 효율적이지 못하다고 합니다. 때문에 강화학습이 많이 쓰이는 분야는 바둑이나 체스, 포커 등 게임 분야라고 합니다.

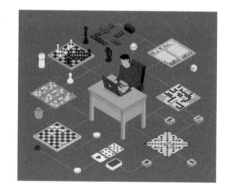

③ 딥러닝

이제 인공지능에 대한 연구가 매우 활발해지기 시작한 해인 2012년에 어떤 일이 일어났는지 살펴보려고 합니다.

2012년, ILSVRC$^{Imagenet Large Scale Visual Recognition Challenge}$ 글로벌 이미지 인식

경진대회에서는 엄청난 일이 벌어지게 됩니다. 이 대회는 인공지능이 이미지를 얼마나 정확하게 구별하는지를 겨루는 대회였습니다.

이 대회에서 토론토대학의 슈퍼비전 팀이 ILSVRC가 생긴 이래 74%의 벽을 넘지 못하던 정답률을 경진대회 역사상 최고의 정답률인 84%로 올려 놀라운 승리를 하게 됩니다.

그리고 이 승리는 인공지능의 역사를 뒤바꿀 정도의 획기적인 일이었습니다. 바로 '딥러닝'이라는 기술이 처음으로 선보이게 된 날이기도 합니다.

딥러닝 기술은 쉽게 말해 사람이 일일이 학습을 시켜야 했던 기존의 인공지능과는 달리 인공지능 스스로 학습이 가능하게 만든 기술이었습니다.

기계학습이 무엇인지는 앞에서 설명했기 때문에 알 것입니다. 딥러닝이 다른 기계학습과 다른 점은 알고리즘의 접근방식입니다.

딥러닝은 인간의 뇌가 문제를 해결하는 방식을 본 따 만든 알고리즘입니다.

인간의 뇌는 뉴런이라는 신경 세포가 서로 연결되어 정보를 주고받아 사물을 인식하거나 문제를 해결해 나가는데 이것을 신경망이라고 합니다.

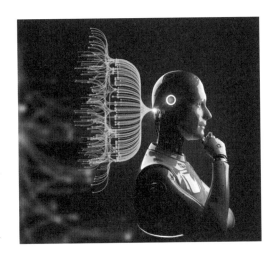

이런 인간의 뇌 신경망 구조를 컴퓨터 알고리즘에 적용하여 만든 것이 딥러닝입니다. 그래서 딥러닝을 인공신경망이라고 부

르기도 합니다.

인공신경망은 1950년대부터 연구되었지만 큰 주목을 받지 못하다가 2012년 제프리 힌튼 교수에 의해 발전된 형태로 세상에 소개되었습니다.

기존의 기계학습과 딥러닝의 가장 중요한 차이점은, 기계학습은 사람이 정리한 엄청난 양의 데이터를 기반으로 주어진 데이터 안에서 문제를 해결하는 데 비해 딥러닝은 사람의 개입 없이 데이터 간의 패턴을 인식하고 의미를 찾아낼 수 있다는 점입니다.

예를 들어 기계학습 인공지능이 '음식점에 전화 걸어줘'라는 명령을 이해하고 전화를 걸어준다면 딥러닝 인공지능은 '배고파, 뭐 좀 먹고 싶다'라는 말에도 음식점에 전화를 걸 수 있습니다.

만약 여러분이 초코빵을 만들고 싶다면 기계학습 인공지능은 어떻게 할까요?

기계학습 인공지능이라면, 먼저 초코빵 재료(데이터)와 레시피(알고리즘)를 열심히 공부시켜야 합니다.

하지만 딥러닝은 다양한 빵 재료와 완성된 초코빵을 입력하면 스스로 재료를 분석하고 재료 간의 패턴을 찾아내 초코빵 레시피를 알아냅니다

이렇게 초코빵 만드는 방법을 알아낸 딥러닝은 인간이 알지 못했던 새로운 초코빵 레시피를 찾아낼 수도 있습니다.

이처럼 딥러닝은 우리가 꿈꾸는 인공지능에 한 발 더 다가선 형태이며 오랜 세월, 발전이 없었던 인공지능의 성능을 놀랍도록 개선 시키게 되었습니다.

딥러닝은 여러 분야에 접목되면서 아주 능력이 좋은 인공지능 서비스를 만드는 데 뒷받침이 되었습니다.

딥러닝은 기존 인공지능이 구현하기 어려웠던 자연어(인간의 언어) 처리, 음성인식, 필기인식, 문자를 언어로 변환, 인공지능비서, 챗봇, 자율주행 등에 이용되며 1990년대 이후부터 침체기였던 인공지능의 시대를 다시 부활시켰다는 평가를 받고 있습니다.

요즘 대부분의 인공지능 알고리즘에는 딥러닝을 이용하는 사례가 많아지고 있으며 지도 학습이나 강화학습 훈련을 통해 인간에 점점 더 가까운 인공지능들이 탄생하고 있다고 합니다.

딥러닝에 사용되는 인공신경망 알고리즘으로는 DNN, CNN, RNN, RBM 등 다양한 형태가 있습니다. 이 알고리즘은 단독으로 사용되기도 하지만 두 개 혹은 세 개를 혼용하여 사용하기도 합니다.

이 알고리즘의 장점은 어떤 문제를 해결할 때 믿고 사용할 수 있는 알고리즘으로, 이것을 딥러닝 프레임워크 framework라고 부릅니다.

예를 들어 어떤 개발자가 초코와 멜론을 섞어 새로운 빵을 만들려고 한다면 기존의 초코빵과 멜론빵 만드는 법을 딥러닝에게 이해시키는 대신 이미 테스트까지 마치고 검증된 초코빵과 멜론빵 프레임워크를 사용해 시간과 노력을 줄이고 개발자가 만들려는 초코멜론빵 개발을 앞당기는 방법입니다.

딥러닝 프레임워크는 오픈소스로 누구에게나 열려 있어 인공지능 개발에 관심이 있는 개발자나 학생이라면 언제든지 새로운 딥러닝 알고리즘을 개발할 수 있는 환경이 마련되어 있습니다.

④ 컴퓨터 비전

컴퓨터 비전computer vision은 그림, 사진, 비디오 등 시각적인 데이터를 인식하고 분석하는데 중심을 두고 개발된 컴퓨터 과학과 인공지능 분야를 말합니다.

60여 년에 걸친 인공지능 개발 역사 중 대부분의 시간이 이미지를 인식하고 구별하는 기술을 개발하는 역사였다고 해도 과언이 아닙니다.

2012년 딥러닝이 세상에 나오기 전까지만 해도 인공지능 연구자들은 인공지능에게 눈을 만들어주기 위해 수없이 연구했지만 인공지능이 개와 고양이를 제대로 인식 가능하게 된 것은 불과 십여 년밖에 되지 않습니다. 그리고 이걸 가능하게 한 대표적인 기술이 머신러닝인 딥러닝과 컨볼루션 신경망CNN입니다.

앞서 살펴보았듯, 딥러닝은 인공지능을 교육하는 머신러닝의 한 분야로 개와 고양이 이미지 인식 훈련과 같이 방대한 양의 데이터를 가지고 이미지를 인식하는 알고리즘입니다.

컨볼루션 신경망CNN은 이미지를 픽셀 단위로 쪼개는 일과 데이터 예측 등 딥러닝이 데이터를 잘 분석할 수 있도록 도움을 줍니다.

컴퓨터 비전 인공지능 기술은 자율주행차, 제조공장의 제품 분석, 얼굴 인식, 이미지 검색 등 다양한 분야에 핵심적인 기술로 사용되고 있습니다.

⑤ 로보틱스

로보틱스^{Robotic}는 로봇을 만드는 모든 기술을 말합니다. 로봇을 설계하고 작동하는 방법과 어떻게 구성하고 실생활에 적용시킬지를 연구합니다.

로봇은 공장에서 제품을 만들거나 서빙을 하는 단순한 작업부터 섬세한 외과 수술이나 우주 탐험과 같은 복잡한 일까지 다양한 분야에서 인간을 대

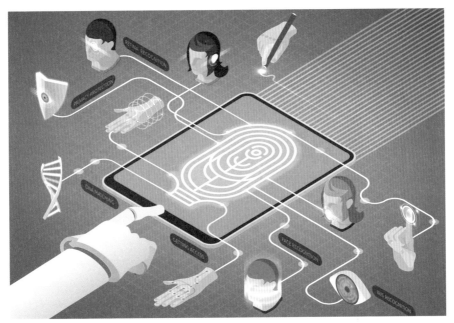

얼굴, 지문, 목소리, DNA 등 인공지능을 이용한 인식 방법은 갈수록 다양해지고 있습니다.

신해 작업하도록 명령할 수 있는 기계입니다.

　로봇은 모양과 유형에 따라 인간을 꼭 빼닮은 안드로이드부터 인간의 모습을 본 딴 휴머노이드, 산업현장에서 사용하는 산업용 로봇, 자율주행차, 서비스 로봇, 드론, 의료용 로봇 등 필요로 하는 분야에 따라 다양한 모습으로 많은 일을 하고 있습니다.

　로봇을 만들기 위한 기술은 로봇의 뇌가 되는 인공지능뿐만 아니라 팔다리의 움직임과 몸체를 만드는 기계공학, 전기공학, 로봇을 제어하는 컴퓨터공학 등 수많은 기술이 복합적으로 결합되어 만들어지는 종합예술입니다.

　앞서 살펴본 다양한 인공지능 학습 모델과 신경망 알고리즘의 발전은 로봇기술 또한 놀랍도록 발전시키고 있습니다.

챗GPT와 같은 대화형 인공지능의 출현은 인간과 자연스럽게 대화하는 휴머노이드 로봇의 발전을 혁신적으로 끌어올리게 될 것입니다.

딥러닝을 통해 강화학습을 받은 로봇들은 매우 안정적으로 계단을 오른다거나 굴곡진 돌밭을 걷는 등 향상된 성능을 발휘할 수 있게 되었으며 로봇의 몸체를 움직이게 하는 기계공학의 발전은 인간과 비슷한 수준의 동작을 수행할 수 있도록 진화하고 있습니다.

미래 로봇 산업은 이제 시작인 분야입니다. 따라서 인공지능과 로봇에 꿈이 있다면 주저 없이 도전해 보세요. 가장 전망이 밝은 직업 분야 중 하나입니다.

⑥ 자연어 처리[NLP]와 챗GPT

자연어는 인간의 언어를 말합니다. 인공지능에서 자연어 처리 분야는 크게 발전해가고 있는 중입니다.

자연어 처리[Natural Language Processing]는 인공지능의 한 분야로서 여러분도 잘 알고 있는 '클로바' '시리' 'OK구글' 등 말로 명령을 하면 이해하고 일을 처리하는 인공지능 비서가 대표적인 예입니다.

클로바는 어떻게 우리의 말을 이해하고 명령에 따르는 것일까요?

자연어 처리에서는 우리의 언어를 조각조각 분석해서 인공지능이 이해할 수 있는 컴퓨터 언어로 바꿔 훈련을 시킵니다. 자연어 처리 연구 또한 1946년부터 시작된 분야로 오랜 역사를 가지고 있지만 1990년대 인터넷 시대가 열리고 기계학습이 나오면서 엄청난 인간의 언어 데이터를 기반으로 발전하기 시작했습니다. 자연어 처리는 인간의 다양한 언어 데이터가 축적될수록 더 정교해질 수 있기 때문입니다.

그럼에도 자연어 처리 분야에서 크게 주목할 만한 인공지능 기술은 아직 발전하지 못하고 있었습니다. 인공지능에게는 그림을 이해하는 것이 인간의 언어를 이해하는 것보다 훨씬 쉬운 작업입니다.

왜냐하면 그림은 2D 평면으로 펼쳐진 공간에 모든 데이터가 동시에 반영되어 있기 때문입니다.

컴퓨터의 뇌에 해당하는 CPU는 일을 처리하기 위해 0과 1로 된 코드를 하나하나 빛의 속도로 계산하는 직렬적 알고리즘으로, 일종의 엄청나게 성능이 좋은 슈퍼 계산기와 같습니다. 그러다보니, 수많은 데이터를 소화해 내야하는 그림이나 이미지를 구현하는데는 한계가 있었습니다.

CPU

이것을 개선하기 위해 만들어진 컴퓨터의 또 다른 뇌가 여러분도 한번은 들어봤을 만한 GPU입니다.

GPU는 하나씩 계산해서 일을 처리하는 CPU와는 달리, 병렬적 알

GPU

고리즘을 이용합니다.

　병렬적이란, 여러 명령어를 동시에 처리하는 기술입니다. 인공지능의 그래픽 인식 기술 분야에 혁신을 가져온 기술로, 여러분이 생생하게 움직이는 아주 정교하고 실감나는 게임을 즐길 수 있게 된 것도 이 GPU 덕분입니다.

　인간의 언어 또한 매우 복잡하고 대량의 데이터가 필요하기 때문에 CPU로는 한계가 있었습니다. 그래서 인간 언어에 특화된 딥러닝을 기반으로 한 자연어 처리 모델인 RNN이 개발되게 되었습니다. RNN(순환신경망)은 순서와 시간 차이가 나는 데이터 학습에 유용한 인공신경망 모델입니다.

　RNN은 최근 소프트웨어 기술의 발전으로 CPU 환경에서도 연산가능하지만 좀 더 복잡하고 대량의 언어를 교육해야 할 때는 GPU$^{\text{Graphic Processing unit}}$나 TPU(Tensor Processing unit:구글이 자체 개발한 인공지능 전문칩)를 사용해

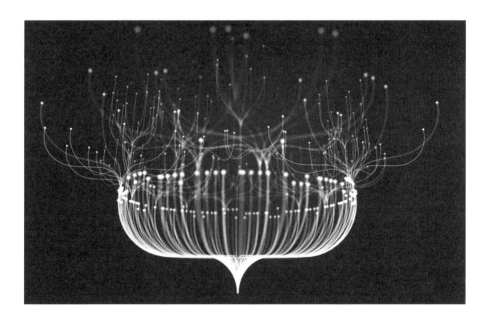

서 성능을 향상시킬 수 있었습니다.

인간의 언어는 그림과 다른 구조로, 말의 순서가 매우 중요하며 말은 시간적 차이를 가지는 데이터입니다.

다시 말해 언어는 우리가 보는 그림처럼 한 평면에 동시에 데이터가 보여지는 게 아니라, 처음부터 끝까지 모든 단어를 순서대로 인지해야 그 뜻을 정확히 이해할 수 있으며 다양한 의미로 해석될 수 있습니다.

예를 들어. '나는 학교에서_____' 라는 문장에서 마지막 단어와 문장이 무엇인지 알아야 문장의 뜻이 완성됩니다.

학교에서 밥을 먹었는지, 친구와 놀았는지, 수업시간에 떠든다고 혼났는지 등에 대해 인공지능이 알 수 없을 뿐만 아니라, 인간의 언어는 맨 끝의 문맥과 처음의 문맥을 연결할 수 있어야 의미가 전달됩니다.

'나는 예전에 닭고기를 먹고 심하게 체한 적이 있어서. 지금은 닭고기를 좋아하지 않아. 그래서 닭고기를 보면 불쾌해져'

닭고기는 대부분의 사람이 좋아하지만 싫어하는 사람도 있을 수 있습니다

닭고기를 보면 불쾌해지는 이유는 무엇일까요? 닭고기를 좋아하지 않아서일까요? 답은 맨 앞 문장 '예전에 심하게 체한 적이 있어서'입니다.

'참, 잘하는 짓이다' 라는 문장을 살펴볼까요.

우리는 이 문장이 칭찬의 의

미가 아니라는 것을 직감적으로 알 수 있습니다.

하지만 인공지능에게 글자는 단순히 데이터에 불과합니다. '참 잘하는 짓이다'라는 문장을 인공지능에게 묻는다면, 아마도 칭찬의 의미로 받아들일 가능성이 높습니다.

이렇듯 언어는 매우 복잡하며 그림처럼 동시에 처리할 수 있는 구조가 아닙니다. 이런 이유로 인간의 언어를 완벽히 이해하는 인공지능은 사실, 존재하지 않습니다.

그런데 2017년 자연어 처리 분야에도 혁명이 일어나기 시작했습니다. 그전의 기술을 혁신적으로 뛰어넘은 인공지능 기술이 발명된 것입니다. 바로 구글에서 발표한 자연어 처리 인공신경망인 트랜스포머였습니다.

트랜스포머는 기존의 자연어 처리 기술 방식과는 완전히 다른 알고리즘을 이용하고 있습니다.

트랜스포머 인공 신경망의 원리는 기존의 RNN의 발상과는 근본이 다릅니다. RNN은 인간 언어의 순서를 중요시했으나 트랜스포머는 언어의 순서를 벗어나서 생각하기로 했습니다.

트랜스포머의 원리는 한 단어를 인공지능에게 인식시켰을 때, 제시된 단어의 전에 나올 단어, 혹은 그 전전에 나올 단어, 그리고 제시어 이후에 나올 단어, 그 다음 다음에 나올 단어를 확률적으로 계산해서 찾아내는 방식입니다.

트랜스포머의 장점은 매우 빠르다는 것입니다. 트랜스포머는 언어의 순서를 무시했기 때문에 기존의 RNN과는 다르게 병렬계산이 가능한 GPU를 사용해 연산 가능하며 그림처럼 동시에 모든 확률계산이 이루어지기 때문입니다.

이렇게 제시어를 중심으로 앞뒤로 올 적합한 단어를 찾아서 문장을 생성해 주기 때문에 이것을 생성형 인공지능이라고 합니다.

얼핏 들으면 이게 그렇게 대단한 기술인가? 싶겠지만, 이 획기적인 기술이 반영된 서비스가 바로 세상을 깜짝 놀라게 만든 챗GPT입니다.

구글 또한 2018년 트랜스포머를 탑재한 생성형 인공지능[AI] 언어모델인 'BERT'를 출시했습니다.

구글의 '버트' 또한, 엄청난 서비스이지만 안타깝게도 2020년 한 발 빠르게 GPT-3를 발표한 오픈 AI사에 인기와 관심을 넘겨줘야 했습니다.

현재 GPT-3.5의 업그레이드 버전인 'GPT-4'는 전 세계 사람들을 충격에 몰아넣었으며 앞으로 발전 가능성 또한 무궁무진하다는 좋은 평가를 받아 인기가 수직상승 중입니다.

기술은 경쟁하며 발전해왔습니다. 그리고 그 연장선상에 있는 구글의 버트와 챗GPT가 모두를 위한 즐거운 경쟁 속에서 발전해 가길 기대해 봅니다.

자연어 처리 인공지능의 발전은 스마트폰 이후, 인류 역사상 최고의 발명이며 전 세계에 획기적인 변화를 몰고 올 기술입니다.

자연어 처리 인공지능의 활용 분야는 검색, AI 스피커, 번역, 뉴스 요약, 자동 오타 검색, AI 콜센터 등 엄청나게 많습니다. 특히 챗 GPT의 출현으로 작가, 화가, 작곡가, 변호사, 의사, 교사, 프로그래머 등 거의 전 분야에 걸쳐 영향을 미칠 만큼 큰 변화를 불러오고 있습니다.

　다음 장에서는 인공지능 관련 직업과 챗 GPT의 출현이 기존의 직업을 어떻게 변화시킬 것인지 그리고 인공지능 기술의 발전에도 사라지지 않을 직업 등을 살펴보겠습니다.

2 나는 인공지능 관련 직업을 갖고 싶어요

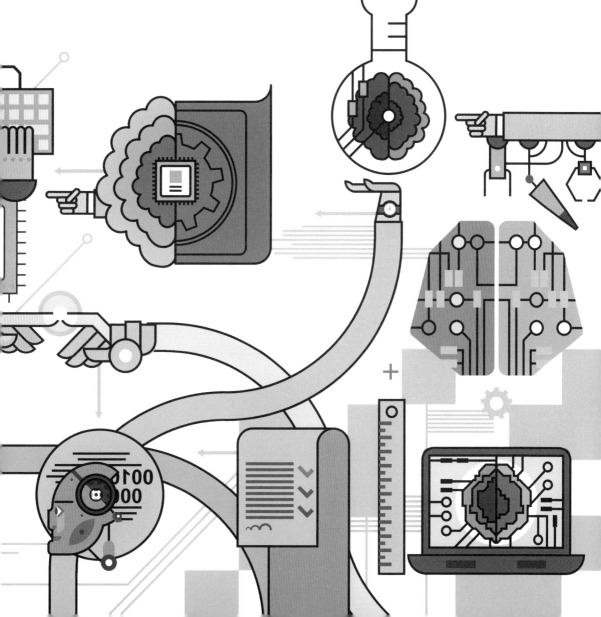

챗봇 개발자

챗봇 개발자는 왜 필요할까요?

챗봇이란 대화형 인공지능을 말해요. 따라서 챗봇 개발자는 인공지능 시대에 아주 중요한 역할을 담당하게 될 전문가입니다.

이제는 정보를 검색할 때 인터넷 창에 글을 쓰는 경우보다 훈련된 인공지능과 대화를 통해 정보를 주고받는 일이 점점 늘어나고 있습니다.

요즘 세상을 떠들썩하게 하는 GPT4가 대표적인 대화형 챗봇입니다. GPT4의 성능은 지금도 놀랍지만 앞으로 더 많이 개선될 것입니다. 그래서 갈수록 챗봇 개발자의 역할이 아주 중요해지고 있습니다.

챗봇 개발자는 무슨 일을 할까요?

챗봇 개발자는 챗봇 시스템을 개발하는 전문가입니다. 하는 일은 사람의 언어를 이해하는 자연어[NLP] 처리와 기계학습 알고리즘을 이용해 사람과 대화 연습을 할 수 있게 만든 인공지능인 챗봇을 연구하고 개발하는 일입니다.

챗봇 개발자가 되기 위해서는 파이썬[Python], 자바[JaVa], Node.js 등의 프로그래밍 언어를 잘 알아야 하고 자연어 처리[NLP]와 기계학습, 인공지능에 대한 전문적인 지식이 필요합니다.

또한 챗봇이 안정적으로 잘 운영되도록 테스트하고 사용자들의 피드백을 잘 분석하여 챗봇의 성능을 계속 향상시키고 개선해 나가는 일도 챗봇 개발자에게 아주 중요한 일입니다.

　챗봇은 챗봇 개발자 한 사람의 노력만으로 만들 수 없습니다. 챗봇에 필요한 기술은 매우 다양하기 때문입니다.

　챗봇 개발자는 자신의 전문적인 지식뿐만 아니라 최고의 결과를 낼 수 있도록 UI/UX 디자이너나 소프트웨어 엔지니어 등 다양한 분야의 전문가와 협업을 하며 프로젝트를 진행하게 됩니다.

　따라서 챗봇 개발자가 되고 싶다면 그 분야에 대한 전문 지식 외에도 사람들의 마음을 이해하고 같이 협력할 수 있는 인간에 대한 이해도 필요하다는 것을 기억하길 바랍니다.

인공지능 개발자는 왜 필요할까요?

미래에는 어떤 직업이 인기가 높아질까요?

미래유망직업을 꼽으라고 한다면 아마도 가장 첫 번째 즉 1번이 인공지능 개발자일 것입니다. 이제 세상은 인공지능 없이는 살 수 없는 세상이 오기 때문이지요.

인공지능은 아주 빠르게 발전하고 있는 분야이면서 미술, 음악, 작곡, 문학, 주식 등 매우 전문적인 분야

우리 생활에는 인공지능이 다양한 분야에서 활용되고 있습니다. 그리고 앞으로 쓰이게 될 분야는 더 많아질 것입니다.

로 확대되고 있습니다.

그래서 사용자에게 맞는 인공지능이 앞으로 더 많이 필요하게 될 것입니다.

본격적으로 인공지능 연구가 시작되는 지금도 인공지능 분야의 전문가는 턱없이 부족하다고 합니다. 이는 인공지능을 필요로 하는 분야가 갈수록 넓어지고 있기 때문입니다.

인공지능은 인터넷으로 연결된 가상 세계인 메타버스 플랫폼에서도 중요한 역할을 합니다. 경제, 문화, 사회 등 인간의 모든 삶이 메타버스로 옮겨지게 될 미래에는 메타버스를 관리할 인공지능이 필수적으로 필요하기 때문입니다.

엄청난 빅데이터로 돌아가는 메타버스뿐만 아니라 우리 생활 속에 넘쳐나는 빅데이터를 기반으로 다양한 분야의 전문적인 인공지능을 개발하고 싶다면 인공지능 개발자에 도전해 보세요.

인공지능 개발자는 어떤 일을 할까요?

인공지능 개발자는 기계학습과 딥러닝에 대한 지식을 바탕으로 인공지능관련 제품이나 서비스를 개발하는 전문가를 말합니다. 인공지능 연구자와는 같으면서도 조금 다르답니다.

인공지능 연구자는 더 나은 인공지능 시스템을 만들기 위해 학문적으로 연구하고 논문을 쓰는 일을 하지만 인공지능 개발자는 학문적인 연구보다 인공지능을 우리 생활에 어떻게 적용할까를 더 중요하게 생각하고 기술 개발을 하기 때문입니다.

그래서 뛰어난 프로그래밍 실력은 기본으로 가지고 있어야 합니다. 당연히 딥러닝과 기계학습에 대한 이해도 필수적인 지식입니다. 따라서 텐서플로우TensorFlow, 파이토치PyTorch, 케라스Keras 같은 딥러닝 프레임워크를 사용할 수 있어야 합니다.

딥러닝 프레임워크란, 일종의 이미 증명된 딥러닝 알고리즘을 쓰기 편하게 모아둔 도구 상자라 할 수 있습니다. 우리는 앞에서 딥러닝에서 간단하게 이에 대해 살펴보았습니다(32쪽 참고).

인공지능 연구자와 개발자는 협업을 통해 일을 하는 경우가 많습니다. 따라서 항상 열린 마음으로 다른 분야 전문가들과 사용자들의 피드백을 듣고 개선해 나가는 마음가짐이 꼭 필요합니다.

　그런데 이 모든 지식보다 앞서서 배워야 할 분야가 있습니다. 바로 인공지능 프로그래밍의 기본 토대가 되는 수학을 빼놓을 수 없습니다. 사실, 모든 소프트웨어와 프로그래밍 관련 기술의 기반은 수학이라고 할 수 있습니다. 컴퓨터는 1과 0만을 인식하여 계산하는 이진법을 사용하는 거대한 계산기이기 때문입니다. 컴퓨터와 인공지능은 인간과 달리 이진법 계산으로 세상을 이해하고 문제를 해결해 나갑니다.

그래서 인공지능 개발자에게 수학은 아주 기본적으로 갖추어야 할 역량입니다.

또 영어도 잘 해야 합니다. 모든 컴퓨터 언어와 정보는 영어로 되어 있기 때문입니다.

할 일이 너무 많다고요? 너무 걱정할 필요는 없습니다. 이제 여러분은 인공지능과 협업하며 살아가야 하는 세대가 되었지만 이제 출발선에 있는 만큼 지금부터 차근차근 인공지능에 대해 이해하고 배워 가면 좋은 친구가 될 수 있을 것입니다.

로봇 공학자

로봇 공학자는 왜 필요할까요?

로봇은 이제 우리 생활과 뗄래야 뗄 수 없는 사이가 되어가고 있습니다. 여러분은 간단한 구조지만 식당에서 서빙하는 로봇을 본 적 있을 것입니다.

대형 할인점이나 공항에서도 안내를 하는 귀여운 로봇을 발견할 수 있습

로봇의 변천사

니다. 특히 인공지능을 가장 많이 활용하는 분야가 로봇이기 때문에 인공지능의 발달만큼 다양한 분야에서 일할 로봇의 개발이 아주 빠르게 진행되고 있습니다. 이런 모든 변화는 인간이 해야 할 힘든 일을 대신할 인공지능 로봇을 만들기 위해섭니다.

로봇 공학자는 어떤 일을 할까요?

로봇 공학자는 로봇을 만드는 전문가를 말합니다. 로봇은 사람처럼 생긴 안드로이드 로봇을 비롯해 공장에서 조립을 담당하는 로봇, 집안일이나 청소를 도와주는 로봇, 수술 로봇 등 종류와 쓰임새가 매우 다양합니다.

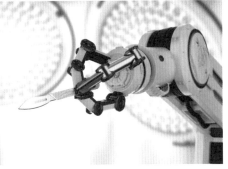

로봇 공학자는 로봇에 들어가는 인공지능, 각종 센서, 기계 부품, 하드웨어, 소프트웨어 제작 등의 기술을 연구하고 개발하는 일을 합니다.

단순하게 집을 돌보는 일을 하는 가정부 로봇도 빨래, 요리, 아기 돌보기, 청소 등 해야 할 일이 매우 많습니다. 따라서 이 모든 것을 로봇이 할 수 있

도록 개발하는 것이 로봇 공학자의 일입니다.

현대의 로봇은 명령에만 따라 반복적인 일을 도와주는 기계에서 벗어나 인공지능과 연결되면서 스스로 문제를 해결할 수 있는 능력을 갖추어 가고 있습니다.

따라서 로봇 공학자는 로봇 분야에서 계속 발전하고 있는 새로운 기술을 배우고 이에 맞춘 인공지능 연구를 진행하면서 이 분야에 대해 꾸준히 공부

해야 합니다. 로봇과 인공지능에 대한
발전 속도는 갈수록 점점 빨라지고 있어
언제나 배움에 대한 준비도 필요합니다.

로봇 공학자가 해야 할 일에는 기술
개발뿐만 아니라 로봇이 잘 움직일 수
있도록 계속 테스트하고 문제를 해결해
야 하는 일들도 포함됩니다. 이 과정은
성공을 위한 끈기와 인내심이 필요합니다.

로봇 공학자는 미래 사회의 핵심 직업 중 하나가 될 것으로 전망되고 있습
니다.

자율주행 전문가

자율주행 전문가는 왜 필요할까요?

자율주행은 인간의 개입 없이 자동차가 스스로 도로상의 물체를 파악하여 안전하게 운행하는 시스템을 말합니다. 미국 자동차공학회^{SAE International}에서 정의한 자율주행 레벨은 0에서 5까지 총 6단계로 이루어져 있으며 이 중 5

0 단계	1 단계	2 단계	3 단계	4 단계	5 단계
비자동화	운전자 보조	부분 자동화	조건부 자동화	고도 자동화	완전 자동화

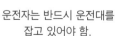

운전자는 반드시 운전대를 잡고 있어야 함.		부분적 자율주행	조건부 자율주행	특정상황 시 운전자 개입	완전 자율주행

레벨은 인간의 개입이 전혀 없는 완전자율주행 레벨입니다. 즉 사람이 전혀 개입하지 않고 차가 스스로 운전을 하는 단계로, 이 단계가 되면 택시기사와 버스 운전기사라는 직업이 사라지게 될 것입니다.

현재 자율주행 레벨은 3단계까지 와 있습니다. 따라서 아직 6단계 완전한 자율주행까지는 조금 더 시간이 필요할 거 같습니다. 현재 완전자율주행을 위한 투자와 연구가 활발하게 이루어지고 있기 때문에 인공지능에서 큰 성과가 나온다면 긴 시간을 기다리지 않아도 될지 모릅니다.

사람이 운전하지 않아도 자동차 스스로 운전하는 세상이 시작되면, 거리의 차들은 서로 신호를 주고받으며 사고가 나지 않도록 안전운전을 할 수 있습니다. 그리고 이 모든 것이 인공지능의 도움을 받는 완전자율주행의 결과입니다.

완전자율주행 레벨에 도달한 자동차 기업은 아직 없지만 5레벨을 향해 열심히 기술 개발 중이며 자율주행차 기술에서 핵심적인 기술 중 하나인 인공지능은 강화학습을 통해 훈련되어 자율주행 테스트를 이끌어 가고 있습니다.

완전 자율주행차를 완성하기 위한 인류의 꿈을 이루기 위해서는 앞으로 수많은 자율주행 전문가가 필요합니다. 그리고 그 전문가가 여러분이 될 수 있습니다.

자율주행 전문가는 무슨 일을 할까요?

자율주행차는 4차 산업의 꽃이라고 불릴 만큼 현대 과학기술의 집합체로, 자율주행차에 적용된 핵심 기술은 인공지능뿐만 아니라 주변을 인식할 수 있는 다양한 센서 기술입니다. 자율주행차가 사고 없이 목적지까지 안전하게 도착하기 위해서는 도로와 물체 파악이 정확히 이루어져야 하기 때문에 이 기술은 매우 중요합니다.

자율주행차의 눈과 귀가 되어주는 각종 센서는 라이다, 레이더, 카메라 등이 있으며 길을 잘 찾아가는 기술로는 GPS, 네이게이션, 교통제어시스템 등이 있습니다.

각종 센서들과 도로교통을 제어할 수 있는 전문 기술과 지식을 바탕으로 자율주행 자동차가 잘 운행할 수 있도록 시스템을 개발하고 테스트를 하는 전문가가 자율주행 전문가입니다.

자율주행차에는 수많은 과학 기술이 들어가며 그중에서도 인공지능과 주변인식 센서 기술이 핵심입니다.

　물론 자율주행 전문가 혼자서 이 모든 일을 다 하는 것은 아닙니다. 센서 기술자, 인공지능 전문가, 소프트웨어 기술자, 통신전문가 등 수많은 분야의 전문가들이 모여 자율주행차를 완성하게 됩니다.

　인간의 생명과 직결되는 만큼 안전하고 편리한 자율주행 자동차를 만들기 위해서는 협업이 잘 이루어져야 하는 분야이기에 자율주행 기술뿐만 아니라 소통 능력도 매우 중요합니다.

인공지능 윤리 전문가

인공지능 윤리 전문가는 왜 필요할까요?

챗봇 이루다를 아시나요?

젊은 여성 콘셉트의 인공지능 이루다는 2020년 12월 우리나라에서 출시된 인공지능 챗봇입니다. 진짜 사람과 대화하는 것처럼 자연스러운 대화를 이어가는 이루다는

큰 인기를 끌게 되었지만 출시한 지 한 달도 안 돼 서비스를 중단하게 됩니다. 이유는 개인정보 유출, 장애인 혐오 발언과 성차별, 편향된 생각으로 대화를 이끌어 갔기 때문이었습니다.

이루다를 마치 살아 있는 젊은 여성처럼 생각하고 성적인 농담을 주고받으며 심한 욕설과 놀림감으로 생각하는 사람들이 있었던 것입니다.

물론 인공지능 이루다의 잘못은 아닙니다. 이루다는 그저 개발자가 의도하고 허용한 대로 대화를 훈련받았을 뿐이니까요.

인공지능이 발달하고 사회 전반에 스며들수록 이런 윤리적인 문제는 아주 많아질 것으로 예상되고 있습니다. 그리고 이런 비윤리적인 문제에 대해 과학자들은 매우 큰 우려를 나타내고 있습니다.

인공지능이 사람과 구별이 안 될 정도로 자연스런 대화를 이끌어 가게 된다면 우리는 인공지능을 어떻게 생각해야 할까요? 그저 기계일 따름이니 욕설을 퍼붓고 대답하기 힘든 질문을 마구 해대며 놀려야 할까요? 아니면 인공지능에게도 예의를 지켜야 할까요?

이런 문제는 이루다만의 문제가 아니라는 것이 개발자들 사이에서 공감대가 형성되었습니다. 만약 자율주행차가 횡단보도를 앞에 두고 주행하는 중에 고장이 났다고 가정해 봅시다. 그냥 직진하면 횡단보도를 지나는 사람을 다치게 할 수 있고 핸들을 돌리면 운전자가 다칠 수 있습니다. 이처럼 매우 위험한 상황에서 인공지능은 어떻게 판단해야 한다고 프로그래밍을 해야 할까요?

인공지능에 의해 통제되는 수많은 기계나 서비스들이 윤리적인 문제에 부딪혔을 때 어떻게 해야 하는지 기준을 정하는 것은 매우 어려운 일입니다. 단순히 인공지능 개발자가 알아서 할 문제가 아닌 전 세계 모든 사회가 합의해야 할 중대한 사회 문제입니다.

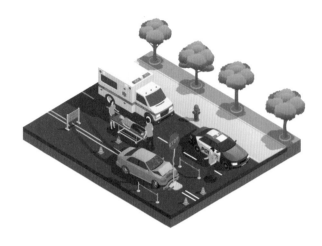

차가 고장 났을 때 자율주행차가 직진하면 횡단보도의 사람이 다치게 되고 핸들을 꺾게 되면 운전자가 다칠 위험이 있다고 했을 때, 어떤 결정을 내릴지에 대한 기준을 정하는 것이 인공지능 윤리 전문가의 일입니다.

　인공지능 윤리 전문가는 이러한 인공지능 관련 윤리 문제들을 파악하고 조사하여 연구하는 전문가를 말합니다. 주로 하게 되는 일은 인공지능으로 발생할 수 있는 윤리적 문제를 사회적, 법적, 기술적인 다양한 관점으로 이해하고 해결하기 위한 기준을 마련하여 적극적으로 대안을 마련하는 것입니다.

인공지능 윤리 전문가는 무슨 일을 할까요?

　인공지능 윤리 전문가가 되기 위해서는 인공지능 기술에 대한 해박한 지식과 이해를 바탕으로한 법률적 지식을 공부해야 합니다. 또한 인공지능은 인간의 삶과 밀접하게 연결되기 때문에 인간에 대한 철학적 사유도 깊어야 합니다.

부동산을 사고 팔 수 있도록 중개하는 공인중개사는 민법과 민사특별법 그리고 부동산 세법과 부동산 공시법 등을 공부합니다.

집을 사고팔기 위해서도 법을 공부하는데 사람들이 보다 더 편안하고 행복한 사회에서 살 수 있도록 인공지능 기술을 접목하는 사회에서는 인공지능을 위한 윤리의 기준을 마련하는 전문가의 역할이 매우 큽니다. 바로 위에서 예를 든 교통사고처럼 인공지능이 위험한 상황에서 선택을 할 수 있도록 하는 기준을 정해야 합니다. 생명과 행복권을 지키는 것이니 전문가가 법을 공부하는 것은 꼭 필요한 일이기도 합니다.

인공지능이 한 개인이나 집단의 이익만을 위해 사용되지 않고 공정하고 투명하게 운영될 수 있도록 감시하고 노력하는 것도 인공지능 윤리 전문가의 일입니다.

인공지능 윤리 전문가의 목표는 인공지능이 인간의 가치와 권리를 존중하고 인간에게 긍정적인 영향을 줄 수 있도록 도우면서 인공지능 기술이 발전해 갈 수 있도록 하는 것입니다.

따라서 아직은 생소한 직업이지만 현재 활동하고 있는 인공지능 윤리 전문가들은 인공지능 시스템 개발자나 법률가, 교육자, 인공지능 윤리연구소 등에서 활동하고 있으며 미래에는 더 전문적이고 다양한 분야에 인공지능윤리 전문가가 필요하게 될 것으로 전망되고 있습니다.

NLP 엔지니어

NLP 엔지니어는 왜 필요할까요?

NLP(자연어 처리) 엔지니어는 NLP(자연어 처리) 앱과 시스템을 개발하고 구현하며 유지 관리하는 소프트웨어 전문가를 말합니다.

컴퓨터 프로그래밍 언어는 매우 다양해요.

인공지능에서 자연어 처리 기술은 점점 더 중요해지고 있습니다. 자연어란 인간의 언어를 말합니다. 인공지능은 사람의 말을 알아듣지 못하기 때문에 인공지능이 이해할 수 있도록 인간의 언어를 컴퓨터 언어로 바꿔줘야 하는데 이 작업을 하는 전문가가 NLP(자연어 처리) 엔지니어라 할 수 있습니다.

NLP 엔지니어는 무슨 일을 할까요?

얼마나 자연스럽게 인간의 언어를 이해하고 사람처럼 이야기할 수 있는가는 챗봇 인공지능의 기술 중에서도 핵심적인 역할을 하는 NLP(자연어 처리) 기술에 달려 있다고 보아도 과언이 아닙니다.

NLP(자연어 처리) 엔지니어는 자연어 데이터를 분석할 수 있는 시스템을 설계할 수 있는 능력을 갖추어야 하며 사용되는 프로그래밍 언어와 기계학습 알고리즘 및 언어학에 대한 지식이 풍부해야 합니다.

또한 NLP(자연어 처리)를 위한 기계학습 모델 교육과 테스트, 알고리즘 설계와 개발, NLP 모델의 정확성과 효율성 향상을 위한 연구 등 다양한 일을 합니다.

물론 이 모든 일은 빅데이터 전문가나 인공지능 전문가, 소프트웨어 기술자 등 다른 분야의 전문가들과 협업을 통해 이루어지고 있습니다.

챗GPT의 사례를 보더라도 챗봇 인공지능의 발전은 급속하게 진행되고 있습니다. 그리고 그 선두에 선 GPT4의 능력이 놀랍도록 발전할 수 있었던 이유는 자연어 처리 기술의 발전이 뒷받침되었기 때문입니다.

NLP(자연어 처리) 기술은 챗봇뿐만 아니라, 데이터 조사, 텍스트 분석, 디지털 전화통화, 언어번역, 텍스트 자동완성, 검색 결과, 이메일 필터 등에 적용할 수 있습니다. 인간이 말과 글을 통해 할 수 있는 모든 영역에 사용될 수 있는 기술인 것입니다. 자연어 처리 기술이 발전할수록 인공지능은 더욱 사람같이 느껴지게 될 것입니다.

앞으로도 챗봇은 의료, 금융, 고객센터, 인터넷 쇼핑, 예약서비스, 학교 등 다양한 분야에 활용될 전망입니다.

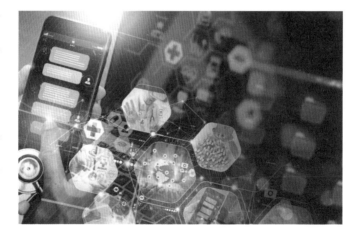

그리고 챗봇의 영역이 넓어질수록 NLP(자연어 처리) 엔지니어를 필요로 하는 분야도 늘어날 것입니다.

빅데이터 전문가(데이터 사이언티스트)

빅데이터 전문가는 왜 필요할까요?

빅데이터란 페타바이트^{PB} 이상의 용량에 해당하는 데이터로, 말 그대로 우리가 상상할 수 없을 정도로 엄청난 양의 데이터를 말합니다.

데이터는 컴퓨터가 처리할 수 있는 정보인데 컴퓨터는 사람의 말을 이해할 수 없어서 0과 1로 구성된 이진법 숫자의 형태로 이해하고 정보를 저장합니다.

데이터는 크게 두 가지로 나눌 수 있습니다. 첫 번째는 컴퓨터가 연산을 통해 쉽게 이해할 수 있도록 정리되어 있는 데이터로, '정형 데이터'라고 합니다. 두 번째는 컴퓨터가 이해할 수 없는 형태의 데이터로, '비정형 데이터'라고 합니다.

그런데 비정형 데이터는 그대로 쓰는 것이 아니라 '텍스트마이닝', '웹마이

닝' '오피니언마이닝'이라는 기술을 통해 컴퓨터가 이해 가능한 정형 데이터로 바꾸는 작업을 거쳐야 합니다.

빅데이터는 이러한 정형 데이터와 비정형 데이터를 모두 포함하고 있으며 정형 데이터의 대표적인 예로 엑셀파일이 있습니다.

엑셀은 표 계산을 하는 프로그램으로, 컴퓨터가 이해할 수 있는 연산 가능한 수식 형태로 데이터가 정리되어 있습니다.

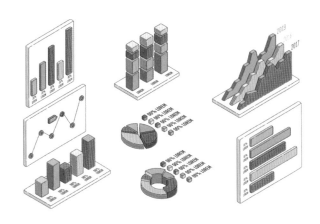

엑셀 파일의 예

비정형 데이터는 문서, 동영상, 사진, 웹 검색정보, SNS, 유튜브, 자연어(사람언어) 등으로 요즘은 인터넷과 스마트폰의 발달로 비정형 데이터의 수가

우리가 상상하는 그 이상으로 많아지고 있습니다. 또한 사물인터넷이 발달하면서 사물과 사물 간에 수집되는 비

정형 데이터의 수가 폭발적으로 늘고 있는 중입니다.

빅데이터는 엄청난 양의 데이터를 순식간에 처리할 수 있는 빠른 처리속도와 정보를 이용하는 사람에게 쓸모 있는 정보를 수집해서 분석해 줘야 하는 정보의 가치성이 매우 중요합니다.

특히 인공지능은 빅데이터를 기반으로 학습하고 훈련되기 때문에 인공지능 기술 발전에 빅데이터는 필수적인 분야라고 할 수 있습니다.

빅데이터 전문가는 이와 같은 빅데이터 안에서 사용자에게 가치 있고 유용한 데이터를 수집, 분석, 예측하여 활용할 수 있도록 돕는 일을 합니다.

우리가 쉽게 볼 수 있는 사례로는 관심 상품의 클릭과 연결된 연관 상품 검색 서비스가 있습니다. 이 연관 상품 검색 서비스는 빅데이터를 활용한 것입니다. 우리의 검색 기록을 가지고 있기 때문에 그와 관련된 관심 분야를 소개하

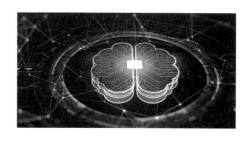

는 것이죠. 이는 빅데이터 시대가 되면서 기업들이 많이 활용하고 있는 마케팅 방법 중 하나입니다.

이처럼 인공지능 분야에서 빅데이터 분석은 아주 핵심적인 분야

중 하나입니다.

우리가 검색하거나 사용하는 모든 것이 빅데이터가 되어 우리의 관심사에 맞는 새로운 것들을 추천합니다. 이는 현재 국가와 기업의 마케팅 자료로도 활용되고 있습니다.

빅데이터 전문가는 무슨 일을 할까요?

빅데이터 전문가는 데이터와 인공지능을 학문적으로 연구하기보다 기업의 비즈니스와 생활에 접목할 수 있는 데이터를 분석하고 예측하는 데 큰 역할을 하고 있습니다.

빅데이터를 분석하는 데는 여러 가지 기술적인 분석 방법을 이용하게 됩니다. 빅데이터 전문가들은 빅데이터 분석을 위한 데이터마이닝, 자연어 처리, 패턴인식, 기계학습 등 다양한 분석기술을 다루고 비정형 데이터를 분석하기 위한 텍스트 마이닝, 오피니언 마이닝, 사회연결망 분석에 대한 분석기술들을 공부해야 합니다.

용량

다양성

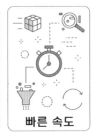

빠른 속도

정확성

이러한 정형, 비정형 데이터 분석을 위해 다양한 프로그램이 사용되는데 이러한 시스템은 항상 발전하고 있기 때문에 언제나 새로운 지식을 배워야 합니다.

또한 빅데이터 분석기술을 통해 수집, 분석된 데이터를 사람들이 잘 이해할 수 있도록 시각화하는 작업도 빅데이터 전문가가 하는 일 중 하나입니다.

빅데이터를 분석하는 기술들은 계속 발전하고 있으며 따라서 대부분의 빅데이터 전문가는 새로운 기술이 나오면 빠르게 적응하고 습득하는 과정이 필요합니다.

수많은 분야에 응용되는 빅데이터를 다루기 위해서는 기본적으로는 머신러닝, 통계, R과 파이썬과 같은 프로그래밍 지식 등에 대한 전문적인 지식을 필요로 하며 이와 같은 전문 지식 외에도 문화 컨텐츠, 금융, 마케팅, 의료, 보안, 교육 등 다양한 분야의 변화에 대해서 관심을 놓지 않는 것 또한 빅데이터 전문가에게 필요한 자세입니다

현재 우리가 살아가는 세상은 모든 것이 데이터로 움직이고 있습니다. 여러분이 매일 몇 시간씩 사용하고 있는 스마트폰이 대표적인 사례입니다.

우리는 눈을 뜨자마자 스마트폰 앱으로 다양한 정보를 확인합니다. 시간, 날짜, 날씨, 교통 정보뿐만 아니라 배달, 게임 등 수많은 데이터를 주고받으며 살아가고 있습니다.

지금도 그렇지만 미래사회는 더욱 더 데이터 홍수 속에 살아가게 될 것입니다.

우리는 매일 다양한 목적으로 스마트폰을 사용하고 있습니다.

 이와 같은 수요 속에서 빅데이터 전문 인력은 많이 부족한 상태입니다. 그리고 미래 사회에서도 이런 빅데이터 전문가의 역할은 더 커져 있을 것이라고 전망하고 있습니다.

 또한 기업이나 국가기관뿐만 아니라, 개인에게도 이제 빅데이터 분석은 반드시 필요한 영역이 되었습니다.

 때문에 국가와 기업 그리고 소비 주체를 위한 전문가를 키우고 있는 대학에서는 빅데이터 전문가 양성과정을 설립하고 전문 인력을 배출하는데 많은 노력을 하고 있습니다.

 구글, 아마존, 오라클 등과 같은 기업에서는 빅데이터 분야에서 일등이 되기 위해 천문학적인 투자를 하며 치열한 경쟁 중에 있습니다.

 아마존은 단순하게 물건만 파는 곳이 아닙니다. 아

마존은 이곳을 이용하는 전
세계 고객들의 정보와 취향
이 모인 거대한 빅데이터 자
료를 가지고 다양한 가치를
만들어내는 멀티 기업으로
확장되고 있습니다.

이렇게 세계 대기업들이 빅데이터에 관심을 갖는 이유는 빅데이터가 인공
지능의 기초 식량임을 잘 알기 때문입니다. 기초 식량이라고 표현한 것은,
사람이 밥을 먹고 영양분을 흡수하여 에너지를 내는 것처럼 인공지능에게
데이터는 밥과 같기 때문입니다.

인공지능이 급격히 발전할 수 있었던 이유 중 하나도 초고속 인터넷의 발
달로 엄청난 양의 빅데이터가 쌓였기 때문입니다. 그것을 식량 삼아 인공지
능이 학습을 하고 예측하여 수많은 분야에 이용되고 있는 것이 현재 우리가
살고 있는 사회입니다.

빅데이터는 인공지능뿐만 아니라, 사물인터넷, 로봇 등의 기반기술로도 꼽
히고 있습니다.

현재도 빅데이터 전문가를 원하는 기업과 기관, 연구소가 많지만 여전히
전문 인력이 부족한 상태입니다.

인공지능의 발전 역시 빅데이터 활용에 달려 있는 만큼 인공지능의 기반
이 되는 빅데이터 전문가는 인공지능이 눈부시게 발전할수록 필요로 하는
곳이 더 많아질 것으로 전망됩니다.

머신러닝 엔지니어

머신러닝 엔지니어는 왜 필요할까요?

머신러닝은 우리가 위에서 본 기계학습을 말합니다. 예를 들어 여러분은 유튜브나 인스타그램 등에서 구독하지 않았는데도 처음 보는 영상이 뜨는 경우를 경험해 봤을 것입니다. 그동안 여러분이 본 동영상과 이미지들을 기억하고 있는 유튜브나 인스타그램 등이 비슷한 분야를 찾아 여러분에게 소개하는 것입니다. 우리가 11번가, 네이버 쇼핑, 아마존 등에서 필요한 물건을 사기 위해 검색을 하고 구입한다면 쇼핑몰에서는 여러분에게 추천 카테고리로 비슷한 제품을 소개하는 일도 경험해봤을 것입니다.

sns에는 머신러닝이 적용되고 있습니다.

우리가 유튜브의 동영상을 보고 있으면 오른쪽에 관심을 가질 만한 추천 영상들이 뜹니다.

이처럼 머신러닝은 우리 생활 곳곳에서 만나볼 수 있으며 다양한 분야에서 이용하고 있습니다. 따라서 머신러닝은 갈수록 중요한 인공지능 분야로, 머신러닝 엔지니어는 인공지능을 학습시키는 머신러닝 기술을 연구 개발하고 배포하는 전문가를 말합니다. 이들은 인공지능 분야에서 핵심적인 역할을 담당하고 있습니다. 그리고 그만큼 중요한 미래 직업으로 손꼽힙니다.

머신러닝 엔지니어는 무슨 일을 할까요?

머신러닝 엔지니어가 하는 일은 다음과 같습니다.

첫 번째, 인공지능이 사용자의 요구에 적합한 데이터를 찾을 수 있도록 인공지능을 개선하고 발전시키는 시스템을 설계하는 일을 합니다.

두 번째, 기계학습을 통해 해결 가능한 서비스를 찾아내고 해결점을 제시합니다.

세 번째, AI 시스템 실험 및 테스트 실행, 통계분석 등을 합니다.

네 번째, 인공지능 데이터에 적합한 기계학습 알고리즘 모델을 선택하고 정확하게 작동할 수 있도록 최적화하고 조정합니다.

다섯 번째, 기계학습 모델을 많은 사람들에게 배포하여 성능을 테스트하고 점검합니다.

마지막으로 소프트 엔지니어 및 데이터 과학자 등과 협력해 인공지능의 성능을 개선시킵니다.

이렇게 다양한 일을 하는 머신러닝 엔지니어가 되려면 무엇을 공부해야 할까요?

인공지능의 핵심인 기계학습에 대한 이해를 바탕으로 인공지능에 필수적인 수학인 통계, 확률, 선형대수학 등을 공부해야 합니다. 또한 생활 속에서 인공지능을 이용한 머신러닝을 어떤 분야에서 쓰고 싶은지 관심을 가지고 활용해볼 수 있는 목표를 정해야 합니다.

수학은 인공지능을 비롯해 과학사회가 될수록 수많은 분야에서 중요한 기

초 학문이 되어가고 있습니다.

현재 머신러닝 엔지니어가 미래 직업으로 손꼽히는 이유는 인공지능이 사회 전 분야에 활용되는 속도가 빨라지면서 인공지능의 수요가 높아지고 있기 때문입니다. 기업과 국가, 개인 모두 인공지능을 효율적으로 사용하기 위해서는 머신러닝 엔지니어의 역할이 중요합니다.

전 세계적으로 머신러닝 엔지니어를 필요로 하는 곳은 많지만 전문가는 많이 부족한 상태이며 그 중요성은 갈수록 높아질 것이라고 합니다. 따라서 인공지능에 관심이 많다면 인공지능의 핵심인 머신러닝 엔지니어에 도전해 보세요.

데이터 엔지니어와 데이터 애널리스트 (분석가) 그리고 데이터 사이언티스트

데이터 전문가들은 왜 필요할까요?

인공지능 분야에는 수많은 전문가가 있습니다. 특히 인공지능의 식량이라고 할 수 있는 데이터를 다루는 분야는 고도로 훈련된 전문 인력을 많이 필요로 합니다.

인간의 두뇌가 인공지능 시스템이라고 한다면 머신러닝은 학습 방법이며

데이터는 국어, 수학, 과학, 사회와 같은 공부할 내용이라고 할 수 있습니다.

아무리 우수한 두뇌를 가진 사람이라도 학습 방법이 잘못되었거나

잘못된 정보를 습득한다면 제대로 활용할 수가 없습니다.

그런데 인공지능도 데이터를 어떻게 수집하고 분석하는가에 따라 데이터 활용도가 높아질 수도 낮아질 수도 있습니다.

인공지능의 핵심 분야인 데이터 관련 대표적인 직업으로는 데이터 엔지니어를 비롯해 데이터 사이언티스트, 데이터 애널리스트(분석가)가 있으며 이 세 직업은 비슷하면서도 약간 다른 직무를 담당합니다.

데이터 엔지니어는 넓게 보면 데이터 사이언티스트의 한 직무라고 할 수 있습니다. 데이터 사이언티스트가 과거의 데이터를 분석하고 예측하여 비즈니스 적용에 도움을 준다면, 데이터 엔지니어는 데이터를 수집하여 인공지능에게 적용하기 쉽도록 저장과 분석을 위한 시스템을 설계하고 구축하는 일을 합니다.

데이터 엔지니어를 필요로 하는 다양한 분야들.

데이터 애널리스트는 데이터를 분석하여 비즈니스에 적용했을 때 효과가 있을지 검토해 어떻게 적용할지 분석하고 작업이 끝난 후에는 결과에 대한 모니터링을 통해 그 내용을 보기 편하게 시각화한 뒤 자료화와 설명하는 일을 합니다.

데이터 전문가들은 무슨 일을 할까요?

좀 더 쉽게 이해할 수 있도록 간단한 우화를 통해 세 직업의 특징을 살펴보도록 하겠습니다.

어느 숲속 동물 마을에 베이커리를 운영하는 젖소 사장님이 있습니다.

젖소 사장님은 동물 마을 주민들에게 신상품인 민트초코빵 시식 쿠폰과 50% 할인쿠폰 500장을 보내려고 해요.

가게 앞에 쿠폰을 두고 아무나 가져가시오 할까도 생각했지만 쿠폰 500장을 만들기 위해서는 돈이 많이 들기 때문에 쿠폰만 가져가고 동물들이 오지 않는다면 쿠폰을 만드는 비용만 손해볼 거 같았어요.

또 500장이 언제 나갈지 모르는데 계속 할인행사를 할 수는 없다고 생각했어요.

젖소 사장님은 어떻게 행사를 해야 비용을 조금만 내고 최고의 효과를 얻을 수 있을지 고민했어요. 그러다가 쿠폰을 받으면 최대한 빨리 베이커리에 방문하여 시식을 하고 민트초코빵을 사갈 거 같은 좋은 고객명단을 확보하면 좋겠다는 생각을 하게 되었어요.

젖소 사장님은 그래서 데이터 엔지니어인 사자와 데이터 사이언티스트인 원숭이, 데이터 애널리스트인 기린을 찾아갔어요.

먼저 사자 엔지니어는 그동안 동물 마을 베이커리에서 빵을 사간 고객 명단과 빵 종류, 수량, 카드 내역과 현금결제 등 모든 판매 데이터를 수집해 데이터베이스에 저장했어요.

이 기록을 로그기록이라고 하는데 아쉽게 이 로그기록만으로는 인공지능이 젖소 사장님이 원하는 것을 바로 이해할 수가 없답니다.

그래서 사자 엔지니어는 데이터베이스에 저장된 데이터를 데이터 전처리라는 과정을 통해 인공지능이 데이터를 이해하기 쉽게 정리하거나 시스템을 구축하여 일을 효율적으로 할 수 있도록 해줬어요. 또한 결제 내역 데이터를 분산 저장하고 분석할 수 있는 시스템인 하둡에 저장하는 일도 끝냈어요.

이렇게 사자 엔지니어가 데이터를 사용하기 편리하게 가공하자 데이터 사이언티스트인 원숭이의 일이 시작되었어요.

원숭이는 사자가 수집해 놓은 데이터를 활용해 민트초코빵을 좋아할 만한 고객 500명을 예측할 수 있는 인공지능 모델을 딥러닝이나 머신러닝(기계학습) 등을 통해 구축하기 시작했어요.

무료 시식 쿠폰 500장을 어떤 고객에게 주어야 가장 효과적일지 예측하는 것은 아주 중요한 일이에요. 평소에 초코빵을 좋아하지 않거나 민트향을 싫어하는 손님, 민트초코를 좋아하지만 베이커리에 자주 방문하지 않는 고객들에게까지 무료쿠폰을 발송한다면 염소 사장님에겐 손해가 될 수도 있기 때문이에요.

원숭이가 구축한 머신러닝으로 학습한 인공지능은 데이터 엔지니어가 정리해준 데이터를 기반으로 최적의 구매 확률이 높은 고객을 찾아내어 쿠폰을 발송하기 시작했어요.

과연 인공지능은 정확히 예측할 수 있었을까요?

이렇게 쿠폰 프로젝트가 시작되기 전과 후에 민트초코빵 무료 쿠폰을 보냈을 때 효과가 좋을지 데이터 사전점검을 하거나 프로젝트 중이나 끝난 후 모니터링을 하는 일은 데이터 애널리스트인 기린이 담당해요.

　기린은 사전 점검과 모니터링 내용을 염소 사장님이 이해하기 편하게 시각화하여 보고서를 작성한 다음 결과보고를 했어요.

　또한 이런 쿠폰행사가 매출과 홍보에 어떤 영향을 줄 수 있는지도 데이터를 분석해 알려드렸답니다.

지금까지 데이터 엔지니어와 데이터 사이언티스트, 데이터 애널리스트를 알기 쉽게 설명해 보았습니다. 이해하는 데 도움이 되었나요?

사실 기업에 따라 이 세 직군의 업무는 완전히 구별되지는 않는다고 합니다.

아직은 경계가 모호하지만 이 세 직군의 공통점은 데이터를 다룬다는 것입니다. 아무리 성능이 뛰어난 인공지능이 개발되더라고 데이터가 없다면 의미가 없다고 할 만큼 인공지능 시대에 데이터는 또 하나의 자원이자 식량이라고 할 수 있습니다.

이렇게 데이터 직군은 인공지능에 핵심적인 분야임에도 전문 인력은 매우 부족하다고 해요. 인공지능 기술이 본격적으로 발달하기 시작한 시기가 불과 10년 남짓이기 때문이죠.

미래 사회가 될수록 이제 데이터를 수집하고 정리하여 분석하는 일에 관여하는 데이터 엔지니어, 데이터 사이언티스트, 데이터 애널리스트의 업무는 그 가치와 수요가 폭발적으로 늘어날 것으로 전망되고 있습니다.

빅데이터야말로 미래의 보물 창고이며 이를 소비자인 기업, 정부, 개인들에게 원하는 대로 가공할 수 있는 주요 직업에 데이터 전문가들이기 때문입니다.

그런데 빅데이터 엔지니어와 AI 엔지니어는 조금 다릅니다.

빅데이터 엔지니어는 데이터를 수집하고 분석해 실제 응용하는 데이터 과학자이지만 AI 엔지니어는 데이터를 추출해 알고리즘을 설계하고 머신러닝 모델을 구축하는 기술자로 특히 수학과 컴퓨터 알고리즘을 잘 알아야 합니다. 언제나 끊임없이 무언가를 배워야 하지만 그만큼 미래 직업에서는 그 중요성이 큰 직업입니다.

여러분이 수학을 좋아하고 분석을 즐긴다면 여러분은 빅데이터 엔지니어와 AI 엔지니어 모두 선택 가능합니다. AI 세계에서 특히 중요한 이 두 직종의 주인공이 되어 보세요.

UI 디자이너와 UX 디자이너

UI 디자이너와 UX 디자이너는 왜 필요할까요?

스마트폰의 보급이 시작되고 애플리케이션 사용이 증가하면서 그래픽 사용자 인터페이스^{GUI}의 중요성이 높아지고 있습니다.

UI는 그래픽 사용자 인터페이스^{GUI}의 약자로, 사용자가 컴퓨터와 쉽게 소통할 수 있도록 그림이나 아이콘, 기호, 색상 등으로 표현하는 것을 말합니다.

이러한 UI를 기획하고 디자인 하는 전문가를 UI 디자이너라고 부릅니다.

그래픽 사용자 인터페이스^{GUI}는 스마트폰, 웨어러블 디바이스, MP3 플레이어, 게이밍 장치 등 매우 다양한 곳에 사용되고 있습니다.

우리가 생활 속에서 쉽게 이해할 수 있는 UI의 대표적 예로는 마이크로소
프트사의 WINDOW 운영체계가 있습니다.

마이크로소프트사가 명령어를 하나씩 입력해야 하는 MS－DOS의 불편했
던 운영체계를 한눈에 볼 수 있는 그래픽과 아이콘, 위젯, 포인터 등을 통해
편리하게 바꾸면서 컴퓨터 대중화를 이끌었던 것처럼 그림이나 아이콘으로
표현되는 함축성과 상징성 때문에 UI의 활용도는 점점 더 높아지고 있는 중
입니다.

우리가 매일 사용하는 컴퓨터는 부팅하는 순간 윈도우가 켜지면서 이메일
을 보내고 검색하고 다양한 것들을 즐길 수 있게 도와줍니다. 바탕화면에는
이에 필요한 아이콘들이 있어 원하는 것을 골라 사용하게 됩니다.

UX 디자이너^{User Experience}는 의료나 항공 시뮬레이션, CAD, 인쇄 편집, 스마트폰 애플리케이션 등을 사용하는 사용자들에게 더욱 편리한 환경을 제공하기 위해 사용자와 제품 또는 프로그램이 원활하게 소통하도록 기획하는 전문가를 말합니다.

UI 디자이너와 UX 디자이너는 함께 일하며, 비슷한 듯하지만 좀 더 들여다보면 다른 직무를 수행하고 있습니다.

UI 디자이너와 UX 디자이너는 무슨 일을 할까요?

UX 디자이너는 그래픽뿐만 아니라 웹사이트나 프로그램, 또는 제품을 사용하는 사용자들의 모든 경험을 고려하기 때문에 사용자를 연구하고 데이터 구조를 설계하기도 하며 테스트와 평가도 수행합니다.

UI 디자이너는 UX 디자이너가 제시한 사용자의 경험을 토대로 아이콘이나 폰트, 웹사이트의 색상, 포인터의 모양 등 시각적으로 보여지는 디자인을 하는 데 집중됩니다.

스마트폰이 보급되면서 우리는 어플리케이션 홍수 속에서 살고 있습니다. 그러다 보니 사용자들은 좀 더 편리하게 접근할 수 있고 디자인과 시각적으로도 예쁘고 깔끔한 앱을 더 좋아하게 되었습니다. 따라서 이 분야의 전문가인 UX/UI 디자인은 어플리케이션의 성공과도 연결되는 중입니다. 이것이 UI 디자이너나 UX 디자이너의 역할이 점점 더 중요해지는 이유입니다.

기술적으로 아무리 뛰어난 인공지능을 기반으로 서비스 상품을 만든다고 해도 실제 사용자가 제품을 사용하는데 불편하다면 뛰어난 기술도 무용지물이 될 수 있기 때문이에요.

예를 들어 살펴볼게요. 요즘은 은행에 가지 않아도 스마트폰을 통해서 입, 출금을 가볍게 할 수 있어요.

여기 A은행과 B은행의 인터넷 뱅킹 앱을 비교해 볼까요?

A은행은 UX/UI디자인을 중요하게 생각하지 않았어요. 그래서 고객들의 편의를 극대화하는 앱 개발에 소홀해 A은행 앱을 통해 입금이나 송금을 할 때는 상대방 계좌번호를 일일이 입력해야 했습니다. 또한 송금을 하기 위해서는 사용자가 앱의 메뉴에서 은행업무–입·출금–출금의 3단계를 찾아 들어가게 디자인되어 있었습니다.

이에 반해 B은행의 인터넷 뱅킹 앱은 사용자의 불편함을 최소화하기 위해 UX 디자이너가 '계좌번호 붙여넣기' 기능을 추가했습니다. 뿐만 아니라 사용자들이 가장 많이 이용하는 메뉴가 송금이라는 사실을 데이터 분석을 통해 알아낸 후, 앱의 첫 화면에 송금이 가장 먼저 보이게 디자인을 했습니다. 송금을 터치하면 자주 보내는 계좌 목록이 바로 보이도록 앱을 설계하여 계좌번호를 일일이 입력하는 불편함도 해소했고요. 또한 UI 디자이너와 협의해 송금 아이콘과 계좌목록이 시각적으로 한 눈에 들어오도록 디자인했습니다.

여러분은 어떤 은행의 앱을 사용하고 싶은가요?

사용자들은 붙여넣기라는 작은 기능이지만 더 쉽고 빠르게 송금을 할 수 있는 B은행의 앱을 더 좋아하게 될 것이고 앱 이용자 또한 늘어나게 될 것입니다.

이런 예는 아주 많습니다. 실제 사용자 입장에서는 어떤 기술이냐 보다 어떻게 사용할 수 있는지가 더 중요하기 때문입니다.

보다 빠르고 편리하고 쉽게 이해할 수 있는 것을 추구하는 인공지능 시대에는 UX/UI 디자이너의 역할이 얼마나 더 커질지 상상이 될 것입니다

한마디로 UX/UI 디자이너는 사람과 기계가 서로 잘 소통할 수 있도록 다리를 놓아주는 역할을 하기 때문에 인공지능 기술이 발전할수록 인공지능과 인간은 더 자연스러운 소통을 필요로 하게 될 것이고 이 일의 중심에는 UX 디자이너와 UI 디자이너가 자리하고 있을 것입니다.

백앤드 개발자와 프론트앤드 개발자

백앤드 개발자는 왜 필요할까요?

백앤드 개발자는 우리가 웹사이트나 어플리케이션을 사용할 때 우리 눈에 안 보이는 서버나 데이터 관리 등을 하는 전문가를 말합니다.

말 그대로 백앤드$^{Back-End}$, 즉 사용자가 모르는 컴퓨터 뒤에서 웹이나 어플리케이션이 잘 돌아갈 수 있도록 관리하는 사람이죠.

직접 사용자와 상호교류를 할 수는 없어도 우리가 편리하게 컴퓨터를 사용할 수 있도록 도와주는 전문가이니만큼 보이지 않는 곳에서 아주 중요한 일을 하고 있습니다.

백앤드 개발자가 되기 위해서는 자바스크립트^{JavaScript}, PHP, 파이썬 Python, C++ 언어 등 하나 이상의 프로그래밍 언어는 능숙해야 합니다.

또한 개발자로서 시스템 컴포넌트 작업, API 작성, 라이브러리 생성, 데이터베이스 통합 등 다양한 개발 작업을 할 수 있는 실력도 갖추고 있어야 합니다.

프론트앤드 개발자는 무슨 일을 할까요?

프론트앤드 개발자^{Front-End}는 이해하기 쉽게 설명한다면, 우리가 웹사이트

나 어플리케이션을 사용할 때 사용자에게 보여지는 화면에 들어간 모든 기술을 개발하고 관리하는 전문가라고 할 수 있습니다. 사용자와 컴퓨터를 연결해 주는 일을 하고 있는 전문가인 것이죠.

앞서 살펴본 적이 있는 사용자 인터페이스^{User Interface, UI}라는 단어를 기억하시나요?

프론트앤드 개발자는 바로 이 사용자 인터페이스에 관한 기술을 개발하고 유지 관리하는 전문가입니다. 따라서 프론트앤드 개발

자 또한 HTML^{Hyper Text Markup Language}, CSS^{Cascading Style Sheets}, 자바스크립트 JavaScript 등 프로그래밍 언어에 능숙해야 합니다.

백앤드와 프론트앤드는 서로 협업하여 사용자들에게 안정적이고 편리한 웹사이트 환경을 제공하는 것을 목표로 합니다.

백앤드 개발자와 프론트앤드 개발자들은 무슨 일을 할까요?

서버가 해킹당했다거나 서버가 터졌다는 말을 들어본 적이 있을 것입니다. 거대한 웹사이트는 문제가 생기면 엄청나게 큰 일이 벌어질 수 있습니다. 네이버나 구글 같은 거대한 서버에 문제가 발생하면 사용자들은 큰 불편을 겪게 됩니다. 우리가 살고 있는 현대 사회는 네이버나 구글 등 플랫폼에서 수많은 일들이 이루어지고 있기 때문입니다.

따라서 서버관리가 중요한 웹사이트를 관리하는 백앤드와 프론트앤드 개발자의 일은 AI 시대가 될수록 더더욱 중요해질 수밖에 없습니다.

구글전용 아이콘

우리는 하루에도 몇 번씩 핸드폰과 태블릿, 컴퓨터를 이용해 구글 또는 네이버에 들어가 궁금한 것을 찾거나 쇼핑을 하거나 뉴스를 보거나 블로그를 운영하는 등 다양한 일을 합니다.

인공지능 시대에 꼭 필요한 직업인만큼 프로그램에 열정이 있다면 관심을 가지면 좋은 직업이 될 것입니다.

지금까지는 주로 인공지능을 개발하고 관리하는 등 직접적인 관련 직업을 알아보았습니다.

인공지능 관련 직업들은 점점 세분화되어가고 있으며 이에 따라 기술이 복잡해지고 응용되는 분야가 넓어지고 있습니다.

이처럼 사람에 가까워지는 인공지능이 예술, 문학, 의료, 교통, 경제 등과 만나면 우리가 사는 세상과 직업들은 어떻게 변하게 될까요? 사람만이 할 수 있는 일들이라고 생각했던 직업들이 챗GPT와 만나 전혀 새로운 직업으로 변화하게 되는 것들로는 어떤 직업이 있을까요? 3장에서는 이런 직업들을 살펴볼 예정이며 여러분이 관심 있는 직업이 있다면 잘 살펴보길 바랍니다.

하지만 그 전에 새로운 인공지능 시대를 연 챗GPT에 대해 먼저 간단하게 알아보겠습니다.

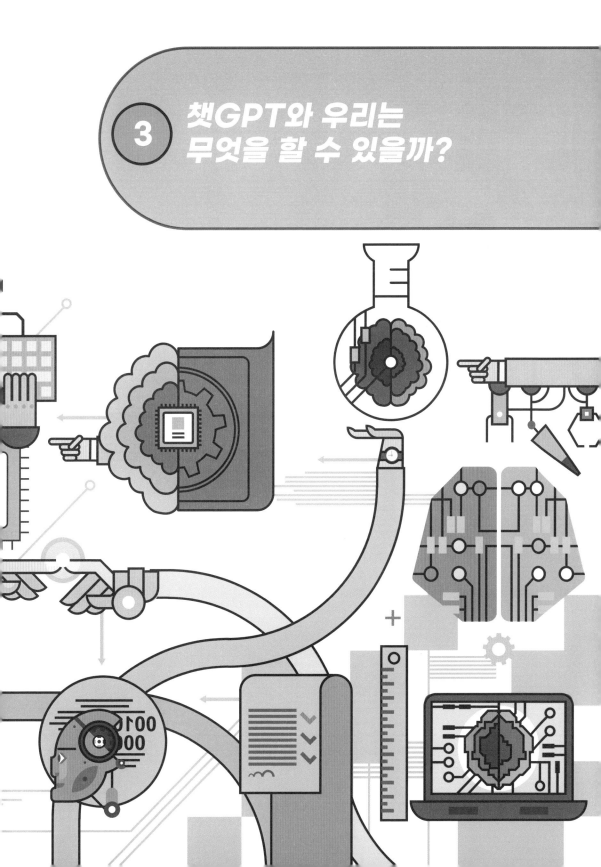

3

챗GPT와 우리는
무엇을 할 수 있을까?

　GPT-4가 2023년 3월 15일에 발표되었습니다. 앞에서 살펴본 것처럼 GPT-4의 성능은 GPT-3.5보다 모든 분야에서 더 개선되고 발전했습니다.

　그리고 다음에 발표되는 챗봇은 GPT-4보다 무서울 정도로 발전해 있을지도 모릅니다. 진짜 사람과 대화하는 것인지 챗봇인지 구별이 안 갈 정도로 말이죠.

　미국의 한 대학에서는 GPT를 이용한 레포트는 제출이 금지하고 있습니다. GPT가 숙제도 해준다니 능력이 좋은 인공지능인 건 확실하지만 다양한 생각과 창의성을 가져야 할 학생들이 챗GPT에 의존하면 이와 같은 재능을 키울 수 없기 때문에 엄격하게 금지한다고 합니다. 인간의 능력 중에는 창의적인 사고력과 변별력이 있는데 이는 사용할수록 발전하기 때문에 이런 재능을 발휘할 수 있는 기회를 챗GPT가 빼앗지 못하도록 막기 위한 방법입니다.

이처럼 인공지능은 우리의 삶을 편리하게 만들어 주기도 하지만 생각지도 못한 부작용을 낳기도 하기 때문에 그 편리성에 기대어 모든 것을 해결하려 한다면 인류의 종말을 불러올 수도 있습니다.

하지만 미래가 불안하다고 해서 GPT와 같은 생성형 인공지능을 개발하지 않을 수는 없습니다. 이미 연구는 시작되었고 챗GPT의 시대는 시작되었기 때문입니다. 또한 챗GPT가 발달하게 되면 우리의 생활은 상상할 수 없을 만큼 변할 것은 확실합니다. 그중에서도 직업은 특히 그 변화가 더 커질 것입니다.

오랜 세월 우리의 생활을 살펴보면 사라진 직업은 정말 많습니다. 수도가 공급되면서 물장수가 사라졌고 차가 만들어진 후 소나 말이 끄는 마차가 사라졌습니다. 전화를 연결해 주던 전화교환원도 이제 더 이상 없는 직업입니다. 사라지는 직업과 새로 생겨나는 직업이 있으며 인공지능의 시대가 되어도 사라지는 직업과 새로운 직업이 생겨날 것입니다.

마차와 전화교환원.

그런데 미래 직업에 대해서는 많은 사람들이 걱정하고 있습니다. 미래에는 인공지능을 가진 로봇이나 인터넷 속 인공지능 또는 핸드폰과 태블릿에 탑재된 인공지능이 지금까지 사람이 하던 일을 척척 해줄 것이니 사람의 일은 점점 줄어들어 미래에 어떤 일을 해야 할지 걱정하는 사람도 늘고 있습니다.

그렇다면 과연 정말 이 세상 모든 사람이 점점 직업을 잃어버리게 될까요? AI가 그 직업들을 대신하고 있을까요?

물론 사라지는 직업도 분명 있을 것이며 대표적인 예로 꼽히는 직업 중 하나가 콜센터의 상담원이라고 합니다.

인공지능으로 대체되면서 사라질 직업 중에는 콜센터의 상담원이 있습니다. 이미 기본적인 고객 응대는 자동응대로 대체되었으며 인공지능의 대화 능력이 향상되면 상담원의 역할도 대체할 것이라고 합니다.

그렇다면 왜 소비자에게 서비스를 제공하는 콜센터가 사라지게 될까요? 사람마다 필요로 하는 도움이 다르기 때문에 그에 맞춰 원하는 서비스를 제공하기 위해서는 적절한 선택을 할 수 있는 사람이 필요할 것 같은데요.

GPT와 같은 대화형 챗봇 기술이 발달하면서 가장 놀라운 점이 인간과 유사하게 대화한다는 점입니다. 이제 사람을 응대하고 단순 정보를 안내하는 일 정도는 이미 인공지능이 담당하고 있는 곳이 많습니다. 이를 ARS(자동응답시스템)라고 합니다. 따라서 서비스의 종류를 세분화하고 대응 매뉴얼을 정해두면 사람은 그에 따르게 됩니다.

그렇다면 새로 생기게 될 대표적인 직업으로는 어떤 것이 있을까요?

컴퓨터가 없었던 시절에는 컴퓨터 프로그래머라는 직업은 존재하지 않았습니다. 또한 인터넷이 발달하고 스마트폰이 보급되면서 동영상 플랫폼에 불과했던 유튜브에 영상을 제공하는 유튜버가 새롭게 등장했습니다. 과거 전문인력을 통해 공급되던 영상들이 이제 누구나 원하면 직접 제작해 공급하는 유튜버가 될 수 있는 상태로 진화한 것입니다. 과거에는 인터넷 시대라 해도 1인 유튜버가 다양한 주제를 바탕으로 동영상을 제공하면서 유튜브 크

리에이터가 직업으로 인정받게 될 줄은 상상도 할 수 없었습니다.

유튜버는 성인, 어린이, 인종에 상관없이 누구나 될 수 있습니다. 수천만 명의 구독자를 기반으로 막강한 영향력을 발휘하는 유튜버도 있으며 패션, 드라마, 뉴스, 애니메이션, 여행 등 분야에 상관없이 영상을 찍어 올릴 수 있습니다. 그리고 현재 유튜버는 선망하는 직업 중 하나가 되었습니다.

이렇게 직업은 인류의 발전과 함께 살아 있는 생명처럼 새로 생기고 사회 변화에 맞춰 사라지기도 합니다. 또한 직업의 성격과 역할이 바뀌기도 합니다.

대표적인 예가 농부입니다. 농부야말로 정말 오랜 역사와 전통을 가진 직업으로 인류가 탄생한 후부터 지금까지 꾸준히 이어지고 있는 직업이기도 합니다. 물론 예전만큼 한 국가의 중추 사업으로 인정받는 것은 아니지만 인간에게 가장 필요한 의식주 중 식을 담당하고 있는 만큼 꼭 필요한 소중한 직업입니다.

그렇다면 농부는 어떻게 변화해왔을까요?

농부는 아주 오랜 옛날에는 소나 말과 같은 가축을 이용하거나 사람의 노동력을 동원해 농사를 지었습니다.

그러다 과학이 발전하면

서 농사를 짓기 위한 다양한 기계가 발명되어 밭과 논을 갈던 소와 말의 역할을 대신하게 되었습니다. 트랙터와 콤바인이라는 기계가 농사에 이용되기 시작했고 사람의 노동력은 더 빠른 시간 안에 더 많은 일을 하는 기계의 노동력으로 대체되었습니다.

이로 인해 농부들은 동물의 마음을 이해하고 동물의 건강을 함께 돌보던 것 대신 농기계를 다룰 줄 알아야 하는 능력을 필요로 하게 되었습니다. 오직 사람과 동물을 이용한 농사는 설 자리가 점점 사라지고 있습니다.

이제 드론으로 농약이나 비료를 주는 시대가 되었습니다.

생명공학 기술이 발달하면서 작물의 종자 개량이 일어났고 단위면적당 수확량이 높아지기 시작했습니다. 그러면서 농부도 조상대대로의 방식이 아닌, 새로운 농법을 배우고 신품종과 작물의 생리를 공부해야 하는 시대가 되었습니다.

기술의 발달이 농업을 변화시키면서 농부들도 그 기술을 익히고 적용해야 하는 상황이 된 것입니다. 이 과정에서 농부라는 직업은 노동력 제공자에서 작물 전문가로 역할이 바뀌게 됩니다.

　기술의 발달은 기계화 시대를 거쳐 또 한 번 인공지능과 사물인터넷 시대를 열었습니다. 지금 젊은 농부들은 작물에 대한 공부뿐만 아니라 사물인터넷을 기초로 한 스마트팜 농장을 열고 있습니다. 최대 장점은 시골이 아닌 도시와 가까운 곳에 스마트팜 농장을 열어 소비자가 살고 있는 도시로의 이

도시 가까이에서 좁은 공간을 이용해 인공지능으로 각종 채소를 재배할 수 있는 시대가 되었습니다.

동시간을 줄이고 폭설이나 폭우에도 안전하게 깨끗한 채소와 작물을 공급할 수 있게 된 것입니다.

이런 변화는 이제 농부들의 역할을 또 한 번 바꿔놓기 시작했습니다. 작물에 대한 이해뿐만 아니라 인공지능과 스마트 기기들에 대한 공부를 하고 스마트팜을 관리하기 위한 컴퓨팅 능력도 필요하게 되었습니다.

이제 농약 살포나 가뭄에 물을 주는 것도 드론으로 하는 농가가 늘어나면서 드론이 농기계로 유용해졌으며 노동자 대신 일을 하는 로봇팔도 개발되었습니다.

농부의 노동력에만 의지해서 농사를 지어야 했던 시절에는 소나 말이 매우 소중한 노동력이었지만 그것은 트랙터나 콤바인으로 대체되었고 이제 그 자리에 드론과 로봇이 더 추가가 된 것입니다.

따라서 고비용이 들고 부족한 노동력 대신 드론을 조종할 줄 알면 더 편리하고 쉽게 농사를 지을 수 있기 때문에 드론 조종도 농부에게 필요한 역량이 되었습니다.

이처럼 농부라는 직업은 사라지는 것이 아니라 새로운 기능을 추가하고 발전된 사회의 과학적 기술을 받아들이며 계속 성장하고 있습니다.

농부와 콜센터의 상담사 외에도 기술의 발달이 직업의 직무를 변화하게 하는 예는 아주 많습니다.

그중 최근 가장 많이 언급되는 것이 문화예술 분야입니다.

챗GPT가 문학과 예술계 사람들의 직업을 사라지게 할 것이라는 우려와 함께 현재 사람들의 큰 관심을 받고 있습니다.

그런데 안을 좀 더 살펴보면 챗GPT는 사람을 도와줄 성능 좋고 편리한 도구이며 우리는 챗GPT와 같은 인공지능과 협업을 하는 세상에서 살게 될 것임을 알게 됩니다.

　AI를 이용해 좀 더 나은 세상을 만드는 것은 인간의 몫입니다. 편리하고 깨끗한 세상을 만들기 위해 우리는 인공지능에게 사람처럼 생각하고 윤리적인 판단을 할 수 있도록 도와야 합니다. 그리고 그와 같은 일은 여러분이 하게 될 직업과도 관련되어 있습니다.

　어떤 직업이든 단순 반복적인 분야가 있습니다. 이제 인공지능은 인간이 단순반복작업에서 벗어나 더 창조적이고 깊은 영성을 탐구하는 일에 몰두할 수 있도록 도울 것입니다.

　도구를 긍정적으로 사용할 것인지 부정적으로 사용할 것인지는 전적으로 인간의 선택에 달려 있습니다. 끝없이 발전하고 진화 중인 인공지능은 인간의 창조성을 발휘할 수 있도록 반복적이고 소비적인 시간을 보내야 하는 작업들을 도와주는 조력자의 일을 하게 될 확률이 높습니다.

다음에서 살펴볼 직업들은 농부가 오랜 인류의 역사 속에서 다양한 변화를 맞이하며 현재의 위치에 왔듯이 앞으로 새로운 진화를 하게 될 직업들입니다.

이 직업의 대부분은 챗GPT와 같은 생성형 인공지능의 발전으로 없어질지도 모른다는 걱정이 많은 직업입니다. 그렇다면 그러한 직업으로는 어떤 것이 있으며 챗GPT로 어떤 변화를 맞게 될지 지금부터 살펴보겠습니다.

작가(소설, 드라마, 영화, 방송)

챗GPT 시대의 작가는 어떻게 될까요?

챗GPT가 발표되면서 글을 쓰는 작가들의 직업은 이제 필요 없어지는 것이 아닌가라는 걱정이 많았다고 합니다.

주제어 하나를 입력해주면 드라마, 방송, 영화 대본을 척척 써내려가는 챗GPT를 보며 위기감이 들지 않을 작가는 없을 것입니다. 사실 '이제 작가들은 필요 없어질지도 모르겠다'라는 의견도 나왔습니다.

하지만 잘 생각해보면 챗GPT는 이미 나와 있는 수많은 작품들을 훈련한 뒤 그것들을 조합해 만들어가는 구조입니다. 다시 말해 챗GPT가 공부하지 않은 데이터는 쓸 수가 없는 것이죠.

아직까지 인공지능은 방대한 데이터를 학습하고 분석하고 그것을 바탕으로 예측할 수는 있지만 새로운 데이터를 창조할 수는 없습니다.

또 챗GPT로 무언가를 쓰게 된다면 가장 큰 문제에 직면하게 됩니다. 바로 저작권에 대한 것입니다. 저작권은 맨 처음 글을 쓰거나 콘텐츠를 만든 사람의 작품에 대한 권리를 인정해 주는 것을 말합니다.

챗GPT가 저작권 때문에 문제가 되는 이유는 새롭게 창조한 것이 아니라 기존에 있는 저작물을 기본으로 재조합하기 때문입니다.

결국 콘텐츠를 만들어 새로운 데이터를 생성하는 것은 사람의 몫이라는 뜻입니다.

방송, 드라마, 영화 작가들도 같은 경우입니다. 이야기의 주제를 정하고 어떤 배경과 성격을 가진 주인공을 설정할 것인가는 작가의 몫이기 때문입니다.

책, 드라마, 영화 등은 모두 창작을 하기 때문에 저작권을 갖게 됩니다.

그래서 앞으로 작가의 일은 글을 직접 쓰는 일보다 큰 카테고리를 정하고 내용을 기획하여 정해진 형식에 맞는 대본을 챗GPT에게 쓰도록 한 뒤 그 결과물을 다시 정밀하게 다듬는 일이 될 것으로 예상하고 있습니다. 아마 작가라는 이름은 이제 글을 쓰는 사람이 아닌, 기획자 혹은 스토리 크리에이터라는 이름으로 변화할지도 모릅니다. 글을 쓰는 일은 챗GPT와 같은 인공지능에게 맡기고 큰 그림으로 기획부터 작품 완성을 책임지는 일을 하는 것이죠. 이와 같은 상황이 오면 인공지능 기술의 발달로 챗GPT는 작가에게 시간을 절약해 주는 좋은 비서가 될 수도 있습니다.

그럼 작가는 무엇을 하게 될까요? 기본적인 주제와 배경, 스토리라인을 주고 인공지능이 기본틀을 잡으면 그것을 읽고 자신이 의도하는 글이 나올 때까지 검토하는 일을 하는 것이지요.

챗GPT의 도움으로 시간을 절약할 수 있고 좀 더 창의적인 일에 시간을 할애할 수 있답니다.

챗GPT 시대 작가가 되기 위해 해야 할 일들

그렇다면 미래에 작가를 꿈꾸는 사람은 어떻게 공부해야 할까요?

미래는 글을 쓰는 작가의 경계가 무너질 것으로 예상되고 있습니다. 작가가 되기 위해 반드시 전문적으로 훈련을 받거나 글 쓰는 재주가 뛰어나야만 하는 건 아니랍니다.

우리는 챗GPT와 같은 인공지능 덕분에 누구라도 자신이 원하는 글을 써서 작가가 되는 시대를 맞이하게 될 것입니다.

예전에는 작가가 되기 위해서 문단에 등단해야 했고 권위 있는 공모전에

당선돼야 했습니다. 대본작가가 되기 위해서는 시나리오 쓰는 법을 배워야 했고요.

하지만 미래에는 아주 참신하고 창의적인 스토리를 가지고 있다면 특별히 대본을 쓰거나 소설을 쓰는 것이 더 쉽고 빨라질 것입니다. 스토리라인을 정한 후 챗GPT의 도움을 받아 빠르게 완성할 수 있기 때문입니다.

또한 챗GPT와 같은 인공지능을 통해 자신이 생각하는 글의 뼈대를 잡아 기획하는 것도 쉬워지며 작가의 진입장벽이 낮아지게 될 것이라고 합니다.

하지만 장점이 있다면 단점도 있습니다. 작가가 되는 것이 쉬워진 만큼 경쟁도 심해지고 더 독특하고 창조적인 아이디어를 만들어 내야 성공할 수 있기 때문입니다.

아기돼지삼형제 동화의 배경이 될만한 여행지에 대한 블로그 써줘

아기돼지삼형은 유럽 전역에서 사랑받는 동화 중 하나입니다. 이 동화의 배경은 독일과 그 주변 지역으로 복구됩니다. 여기에는 지역 아기돼지삼형으로 밝혀진 많은 요소들이 있습니다. 이제 그런 지역 중 몇 가지를 살펴보겠습니다.

1. 브레멘, 독일 브레이는 아기돼지삼형제의 이야기와 관련이 있는 중요한 것입니다. 도시의 심장에는 아기돼지삼형제를 상징하는 청동조각도 있습니다. 브레멘 타운 뮤지엄에서는 도시의 역사와 함께 아기돼지삼형제에 대한 모습을 볼 수 있습니다.
2. 하하우스, 영국 하슨하우스는 영국슨 런던의 최종적인 중 하나입니다. 이 곳은 아기돼지삼형제의 이야기에서 만난 가구로 한 가지가 됩니다. 하르슨 하우스는 역사적 역사적 작품들이 전시되어 있고, 아기돼지 삼형제와 관련된 물체도 자주 펼쳐집니다.
3. 표본은 아기돼지삼형제와 관련된 이야기 중 하나인 "쇼발리킹"의 이야기가 진행 중인 장소입니다. 프라하에서 쇼발리킹의 이야기를 다양한 시골과 관련된 것을 찾아볼 수 있습니다.
4. 티엔나, 오스트리아 티엔나는 아기돼지삼형제와 관련된 이야기 중 하나인 "백조의 영토"의 이야기가 진행 중인 장소입니다. 티엔나에서는 백조의 초원에서 살던 백조들을 상징하는 다양한 조각품들과 인쇄물을 찾아볼 수 있습니다. 또한, 도시의 곡선형 벽체 벽체에서는 백조의 외관을 볼 수 있습니다.

이러한 여행지에서 아기돼지삼형제와 관련된 역사와 이야기를 경험할 수 있습니다. 이 지역에서 목격자가 된 다

챗GPT로 쓴 아기 돼지 삼형제 동화.

그래서 작가를 꿈꾸는 사람은 글을 쓰는 연습뿐만 아니라, 다양한 경험과 인문학, 철학, 사회학, 예술, 스포츠 등 세상에 대한 관심을 가지고 통찰력을 키워야 할 것입니다. 개성과 세상에 대한 이해를 위해서는 철학적 사고와 열린 마음을 가지는 것이 매우 중요합니다. 모든 학문의 시작은 철학임을 잊지 마세요.

자판을 두드리며 내용의 순서를 짜고 글을 쓰는 것은 이제 인공지능에게 맡기고 여러분은 전체를 지휘하는 지휘자가 되어 보세요.

기자

미래사회에서 기자의 역할은 어떻게 될까요? 이제 종이로 된 신문은 더 이상 팔리지 않고 기본적인 기사는 이미 AI의 도움을 받아 작성하는 시대가 되었습니다.

방송국의 뉴스는 기자의 취재를 바탕으로 만들어집니다.

방송 뉴스의 여러 소식을 전하는 것도 기자의 취재를 통한 기사 작성으로 이루어집니다. 그리고 기자는 취재기자, 보도기자, 방송기자 등 다양하게 분업화되어 있습니다.

사람들이 일상적인 삶을 살아가는 동안 세상에 일어나고 있는 혹은 지역과 국가에서 일어나는 일을 진실에 근거해 알려주던 기자의 역할은 매우 중요했습니다.

'펜은 칼보다 강하다'는 이야기는 기자들이 세상에서 하는 일이 얼마나 중요한지를 알려주는 명언입니다.

주제가 정해지거나 사건이 발생하면 취재를 하고 사실에 근거한 기사를 썼던 기자들은 현장을 취재하고 자료를 찾아 기사를 썼습니다.

그런데 이제 시대가 바뀌어 다른 나라에서 일어나는 일도 바로바로 알 수 있는 세상이 되었습니다.

사람들은 실시간으로 인터넷을 통해 전 세계에서 일어나는 일을 확인할

수 있으며 다른 언어의
차이는 구글 번역이나
파파고 등 번역 전문 프
로그램을 이용해 극복
할 수 있습니다. 또 이
미 적지 않은 기사를 인
공지능이 쓰고 있다는
것을 아시나요?

스포츠, 증시, 선거, 날씨 등 큰 변수가 없는 정확한 사실에 기초한 정보 전
달을 위한 기사는 인공지능이 담당하고 있는 사례들도 찾아볼 수 있습니다.

기사의 질 또한 챗GPT와 같은 챗봇이 발달하면서 점점 더 자연스럽고 매
끄러운 문장이 되고 있습니다. 이처럼 과거 교통이 불편하고 정보교환이 원
활하지 못하던 시절 직접 현장을 취재하며 진실을 전하던 기자의 역할을 인
공지능이 대신하기 시작했다면 이제 기자들은 더 이상 필요하지 않은 직업
일까요? 콜센터의 상담원처럼 사라지게 될 직업일까요?

챗GPT의 시대에도 기자의 역할은 여전히 중요합니다. 뉴스에 나오는 기
사는 정확한 정보를 전달하는 목적과 함께 어떤 사건에 대한 기자의 해석과
시각이 들어가게 됩니다. 단순히 정보만 전달하는 목적이라면 더 이상 기자
라는 직업은 의미가 없어집니다. 이와 같은 역할은 인공지능이 더 잘할 것이
기 때문이죠.

아기돼지삼형제 홍보기사써줘

《아기돼지 삼형제》는 전 세계적으로 사랑받는 파이널 어린이 동화입니다. 이 동화는 세 마리의 돼지 형제가 큰 나쁜 늑대에게서 자신들을 지키기 위해 힘을 낼 수 있는 전투를 벌이는 이야기입니다.

이 동화는 아이들에게 배달과 용기의 최선을 다해 줍니다. 또한 이야기의 주인공 돼지 형제들은 귀여운 외모와 우호적인 성격으로 인기를 얻어 아이들에게 인기 있는 특성 중 하나로 자리잡았습니다.

이제 《아기돼지 삼형제》가 전체적으로 영화로 제작되어 대중들에게 공개됩니다. 영화에서는 놀라운 접착제 효과와 탄력적인 구조가 어우러져서 아이들뿐만 아니라 전층까지 매력적인 작품으로 자리잡았습니다.

이번 기회에 가족들과 함께 환원에 《아기돼지 삼형제》를 만나보세요! 이 동화에서 진행되는 메시지와 시간은 당신과 당신의 가족들의 마음을 북돋워 줄 것입니다.

챗GPT가 쓴 기사.

그런데 기사는 사실 전달만이 목적이 아니라 인간에 대한 존중과 이해를 필요로 합니다. 이는 챗GPT는 할 수 없는 일입니다.

똑같은 상황에서도 보는 시각에 따라 달리 해석될 수 있는 사건이 있습니다. 이를 다양한 시선으로 관찰하고 판단해 사람들에게 단순 사실 외의 정보를 제공하는 것은 여전히 기자만이 가질 수 있는 능력입니다.

이제 기자는 챗GPT와 함께 기사를 쓰게 될 것입니다. 마감에 쫓겨 정신없이 글을 쓰는 기록 전달자가 아닌, 진정한 오피니언 리더가 될 수 있는 기회입니다.

배수구에 버려진 양심들 지난 **강남** **침수** 버려진 담배꽁초로 배수...

13일 서울 종로구 광화문 사거리 한 골목 배수구에 흡연자들이 버린 담배꽁초로 가득 메어져있다. 2023.01.13

"대책 세우지만 **강남** **침수** 반복되는 이유는..."

작년에도 **강남**은 **침수**되었어요. 물에 잠긴 정도의 차이지 **침수** 피해가 반복되는 경향이 있었어요. 특히 이번에는 너무 피해가 컸고 이젠 반복되지 말아야 하지 않을...

강남 **침수**·태풍에도 손보업계 '호실적'...자동차 보험료 내린다

[리포트] 올해 9월 태풍 힌남노가 집중 호우를 동반하면서 전국에서 6천7백여 대의 차량이 **침수**됐습니다. 앞서 8월엔 수도권 폭우로 서울 **강남** 지역의 피해도 컸습...

강남 **침수**·태풍에도 손보업계 '호실적'...자동차...   KBS   2022.11.08.   네이버뉴스
강남 **침수**·태풍에도 손보업계 '호실적'...자동차...   KBS   2022.11.08.   네이버뉴스

강남 **침수**·태풍에도 손보업계 '호실적'...자동차 보험료 내린다

[리포트] 올해 9월 태풍 힌남노가 집중 호우를 동반하면서 전국에서 6천7백여 대의 차량이 **침수**됐습니다. 앞서 8월엔 수도권 폭우로 서울 **강남** 지역의 피해도 컸습...

강남역 **침수**, 10년 전에 '솔루션'을 찾았다면

이 대표는 강의 도중 서울 **강남역** **침수**를 다룬 여러 장의 사진을 화면에 띄웠다. '**강남**이 잠겼다' '해마다 **침수**도 **강남** 스타일?' 등의 제목이었는데, 놀랍게도 2022...

강남에 침수 피해가 일어났을 때 기자들이 쓴 다양한 기사입니다. 어떤 주제와 내용인지에 따라 기사의 내용은 완전히 달라지게 됩니다. 따라서 이런 주제를 설정하고 사람들에게 정보를 제공하는 역할은 여전히 기자의 몫입니다.

오피니언 리더란, 한 집단 내에서 다른 사람의 행동이나 생각에 큰 영향을 주는 사람을 말합니다.

현장 취재도 여전히 이루어질 것입니다. 직접 가야만 보이는 것들이 있기 때문입니다. 사회나 집단에 큰 영향을 미치고 변화를 이끌어내기 위해서는 사회문제와 삶에 대해 관심과 충분한 고찰이 필요한데 이것도 기자의 몫입니다.

기자를 꿈꾸고 있다면 챗GPT와 같은 생성형 인공지능을 이용해 다양한 기사를 써 보세요. 어떤 주제를 설정하는지에 따라 기사의 내용은 달라지게 됩니다.

현대 사회는 시민도 기자가 될 수 있는 시대이니 여러분이 쓴 기사를 인터넷 신문에 제보도 해보길 바랍니다. 여러분에게 챗GPT는 매우 훌륭한 파트너가 되어줄 것입니다.

번역은 챗GPT가 가장 잘 활용될 수 있는 분야 중 하나가 될 것입니다. 아주 서툴렀던 초창기 번역기와는 다르게 챗GPT의 번역은 자연어 처리 기술의 발전에 힘입어 놀라울 정도로 발전하고 있습니다.

현재 우리가 사용하고 있는 번역앱들은 영어로 챗GPT에게 명령하고 한국어로 변환하면 수초도 안 돼 번역을 끝냅니다.

챗GPT는 글과 말로 할 수 있는 지식검색을 몇 초도 안 돼 조합하여 블로그, 편지, 레포트, 감상문, 영화나 드라마 대본 등 목적에 맞도록 하나의 글로 완성시켜 줍니

다. 여기에 원하는 나라의 언어로도 바꾸어줍니다. 예전처럼 번역가를 찾아 일을 의뢰하는 대신 간단한 번역은 챗GPT를 이용해도 될 정도로 번역의 수준 또한 나쁘지 않다고 합니다.

오랜 시간 꾸준하게 하는 번역 대신 이렇게 순식간에 목적에 맞는 번역을 해 주는 챗GPT의 등장은 번역가들에게 어떤 영향을 미치게 될까요? 이제 번역을 하는 전문가들도 챗GPT에게 직업을 빼앗겨야 하는 걸까요?

결론은 아닙니다. 번역이 단순히 글의 내용만 영어에서 한국어로 바꾸는 작업이 아니기 때문입니다.

번역은 또 하나의 문학의 영역이자 예술이라고 할 정도로 정교하고 엄청난 지식이 필요한 전문 영역으로 평가받고 있습니다.

번역의 분야 또한 다양합니다. 아주 간단한 상품설명서부터 복잡한 기술을 다룬 기술서, 인간의 감성과 문화가 담긴 문학서, 의료, 정치, 경제 등 분야에 따라 전문적인 용어나 내용을 이해하지 못하면 번역이 불가능하거나 이상하게 번역될 수도 있습니다.

다음의 예를 통해 직접 확인해 보겠습니다.

조지훈 선생님의 '승무'라는 시가 있습니다. 한국어의 아름다움과 다양함이 잘 나타나는 아주 멋진 시입니다.

이 시의 구절에는 이런 대목이 나옵니다.

얇은 사 하이얀 고깔은 곱이 접어 나빌레라

이것을 번역기 파파고에 돌려보면 어떻게 나올까요?

The thin, white cone－shaped hat folds into a butterfly.

파파고는 잘 번역한 걸까요. 하얀 고깔은 white cone－shaped hat으로 얇은은 A thin으로, 고이접어 나빌레라'는 folds into a butterfly 로 문장의 뜻은 크게 다르지 않습니다.

하지만 뭔가 많이 어색하죠. 뭐가 어색한 걸까요? GPT－3.5는 이 시의 의미를 잘 모르겠다고 합니다.

파파고는 다음과 같이 번역하기도 합니다.

그렇다면 구글 번역기는 어떻게 번역할까요?

비슷하지만 조금 다릅니다.

번역은 1차적인 단어의 의미를 제대로 전달하는 것만으로도 매우 어려운 작업입니다. 만약 단어의 의미를 잘 찾아서 번역을 했더라도 승무에 담긴 한국적 감성과 승무를 읽을 때 머릿속에 그려지는 영상은 담아내기 어렵습니다.

승무 춤은 이런 모습이에요.

한국말은 형용사의 변화가 굉장히 많아 다양한 표현이 발달해 있습니다. 파란색은 푸른, 퍼런, 시퍼런, 푸르딩딩, 검푸른, 푸르죽죽, 파르라니 등 상태나 상황에 따라 다른 단어를 쓸 수 있습니다. 파란색이지만 같은 파란색이 아닌 이것을 영어로 어떻게 옮길까요? 거의 불가능합니다. 왜냐하면 영어에는 없는 표현이기 때문입니다.

챗GPT와 같은 생성형 인공지능은 데이터를 벗어나지 못한다고 앞에서 이야기했었습니다.

영어에는 푸르딩딩이나 푸르죽죽과 같은 데이터가 없기 때문에 가장 유사한 표현을 찾아야 하는데 어떻게 찾을 수 있을까요?

이때 필요한 사람이 번역가입니다. 번역가는 단순히 글자와 문장에 대한 정보를 한국어에서 영어로 옮기는 일만 하는 것이 아닙니다.

인공지능이 할 수 없는 '파르라니'라는 한국적 감성을 영어에서도 느낄 수 있도록 가장 근접한 단어와 문장을 찾아 영어식 표현으로 바꾸는 크리에이터의 일을 합니다. 그리고 이런 작업은 아직은 사람만이 할 수 있는 영역입니다.

그렇다면 챗GPT는 번역가에게 어떤 도움을 줄 수 있을까요?

정말 많은 도움이 됩니다. 전문 영역의 번역을 하는 번역가들에게 1차 번역을 해주거나 자료를 찾아 정리해 줄 수 있는 좋은 비서가 될 수 있습니다. 이 과정은 오히려 챗GPT가 빠르고 효율적으로 할 수 있는 일이기 때문입니다.

챗GPT는 감성적인 영역이 아닌 사실에 기초한 정보를 번역하거나 틀이 짜여진 문서를 반복해서 번역하는 일 등에 이용될 것입니다. 이와 같은 활용은 사람의 에너지를 소모하는 기초 번역에서 벗어나 시간을 줄여주고 좀 더 창의적인 일에 에너지를 쓸 수 있도록 도와줄 것입니다.

바로 위의 문장을 파파고에 넣었더니 순식간에 번역을 해주었습니다. 이 번역이 매끄러운지 확인하고 좀 더 나은 표현이 있다면 그걸로 수정하는 것은 번역가의 일이 됩니다. 따라서 여전히 번역가의 역할은 중요하며 다만 번역에 들이던 시간은 좀 더 단축될 것입니다.

번역의 영역에서 인공지능과 사람의 협업이 잘 이루어진다면 좀 더 정교한 번역이 이루어질 수 있을 것입니다. 하지만 여전히 번역은 섬세한 창작이자 작업입니다. 단어의 뜻이나 문장 전체를 파악하지 못하는 단순 번역은 잘못된 번역을 불러와 틀린 정보를 진짜인 것처럼 받아들이게 할 수도 있기 때문입니다.

다음의 명언은 여러분도 들어보았을 것입니다.

Genius is ONE percent inspiration, NINETY - NINE percent perspiration.

에디슨의 명언입니다. '천재는 1%의 영감과 99%의 노력으로 이루어졌다'로 번역된 이 명언은 노력이 얼마나 중요한지에 대한 명언으로도 유명합니다. 그런데 사실 이 명언은 잘못 번역된 것입니다.

정확한 번역은 다음과 같습니다.

'천재는 1%의 영감이 없다면 99%의 노력을 해도 소용없다'

내용이 정반대가 되었습니다.

이처럼 번역자의 역할에 따라 번역은 전혀 다른 의미가 될 수 있기 때문에 번역자의 역할은 앞으로도 매우 중요합니다. 다만 기본 번역을 해 주는 챗 GPT를 토대로 번역자는 더 완성도 높은 번역에 도전할 수 있습니다.

빠른 시간 안에 다양한 언어로 번역이 가능한 챗GPT와 같은 생성형 인공 지능의 발전이 번역 분야에도 큰 변화를 가져오길 기대해 봅니다.

아기돼지 삼형제 이야기 영어로 번역해서 간단한 줄거리 10줄로 써줘

Once upon a time, there were three little pigs who decided to leave their home and build their own houses. The first little pig built his house out of straw, the second little pig built his house out of sticks, and the third little pig built his house out of bricks.

One day, a big bad wolf came to their neighborhood and tried to blow down the houses. The wolf easily blew down the houses made of straw and sticks, but he couldn't blow down the house made of bricks.

The first two little pigs ran to their brother's brick house for safety. The wolf tried to climb down the chimney to get inside the brick house, but the clever pigs had a pot of boiling water waiting for him, which sent the wolf running away in pain.

In the end, the three little pigs lived happily ever after in their strong brick house, safe from the big bad wolf. The moral of the story is that hard work and careful planning pays off in the end.

챗GPT가 번역에서 할 수 있는 일은 점점 확대되고 있습니다.

화가/디자이너/그림관련 직업

달리2는 GPT-4를 만든 오픈AI에서 출시한 또 하나의 인공지능입니다. GPT-4의 형제라고 할 수 있는 달리2는 문장을 입력하면 그림을 그려주는 생성형 인공지능에서 가장 많이 알려져 있습니다.

달리2가 GPT-4만큼 놀라운 점은 그리고 싶은 내용을 간단히 글로 적으면 그 내용에 맞게 그림을 그려준다는 것입니다.

'○○ 화풍으로 ○○을 그려줘!'라고 명령하면 아주 놀랍도록 정교하고 멋지게 그림을 그려줍니다. 예를 들어, '우주를 날아다니는 감자를 인

이런 그림을 이미지형 AI는 1초 만에 그릴 수 있습니다.

상파 화풍으로 그려줘' 라고 명령하면 인상파 화풍의 아주 독특하고 멋진 감자 그림이 순식간에 나타납니다. 상상만 해도 너무나 재미있는 그림이 탄생할 것 같지 않나요.

심지어 또 다른 생성형 인공지능인 미드저니를 이용해 그린 그림은 '콜로라도 주립 박람회 미술대회'에서 디지털 아트 부문 대상을 탔습니다. 대상을 탄 작품이 인공지능을 이용해 그린 작품임을 알게 된 사람들은 충격에 빠졌습니다.

이 작품을 출품한 사람은 그저 자신이 원하는 스타일과 그림 속의 상황을 글로 표현해 아이디어만 제공했을 뿐 그림을 전문적으로 그리는 사람이 아니었기 때문입니다.

현재 이 작품은 예술 창작품으로 인정해야 할지, 아니면 단순한 인공지능이 만든 제품인지를 놓고 논란이 되고 있습니다.

오랜 세월 사람들은 예술이 인간만의 유일한 영역이라고 생각했습니다. 그런데 인공지능이 개발되면서 예술의 영역까지도 기계에게 넘겨주는 것이 아닌가 하는 불안감이 커져 가고 있습니다. 이와 같은 염려는 작가를 비롯해 다양한 직업에서 나타나고 있지만 그중 가장 심각하게 받아들이는 분야가 바로 그림과 연관된 직업들입니다.

달리2나 미드저니가 충격을 주었던 이유 중 하나는 텍스트를 그래픽으로 전환할 수 있는 기술이라는 점입니다. 인간의 말이나 글과 같은 자연어를 이해해서 그래픽으로 전환하는 기술은 앞으로 활용될 수 있는 분야가 무궁무진합니다.

이런 기술들이 발전하게 되면 SF영화에서나 볼 수 있었던, 말만으로도 척척 알아듣고 모든 문제를 해결하는 인공지능 탄생의 첫 출발점이 될 수 있기 때문이죠.

그러나 아직 미드저니나 달리2는 오랜 시간에 걸쳐 학습한 방대한 데이터를 기반으로 명령에 따라 그림을 재조합하는 원리를 따르고 있습니다. 따라서 학습한 데이터를 벗어나 새로운 데이터를 창조하기는 쉽지 않습니다.

최근에 미드저니와 달리2 등 생성형 인공지능이 저작권 고소를 당하는 경우도 발생하고 있습니다.

이유는 인공지능이 학습한 수십억 개의 그림 데이터 중 일부 원작자들이 자신의 작품이 함부로 사용되는 것에 대한 불만을 제기했기 때문입니다.

달리에게 인상파 화풍이 무엇인지 기계학습이나 딥러닝을 통해 학습시킬 수는 있습니다.

물론 인공지능이 수억 개의 데이터 속에서 의미 있는 그림 조합을 찾아내 지금까지 보지 못한 새로운 화풍을 만들어 낼 가능성도 있습니다. 실제 구글의 인공지능 람다를 관리하던 개발자는 람다가 감성을 가지고 있다고 주장하다 해고를 당했습니다.

하지만 현재 확실한 사실은 아직까지 인공지능은 인상파 화풍을 배울 수 있을 뿐, 창조해 낼 수 없으며 그것은 인간의 영역이라는 것입니다.

챗GPT가 그린 인상주의 화풍의 풍경화.

차례대로 폴 고갱, 클로드 모네, 빈센트 반 고흐 등 인상파 화가들의 작품입니다.

그렇다면 나날이 실력이 향상되고 있는 달리2나 미드저니가 화가라는 직업을 사라지게 만들까요?

답은 '아니다'입니다. 작가와 마찬가지로 화가 또한 사물을 똑같이 그려내는 틀에 박힌 작업에서는 벗어나게 될 거에요.

사물을 똑같이 재현해 내는 그림은 달리2나 미드저니가 인간보다 훨씬 더 정교하고 섬세하게 그려낼 것이기 때문입니다.

사진기가 없었던 시대에는 사물을 얼마나 생동감 있게 표현해내는지가 화가들의 목표였습니다. 하지만 사진기가 발명되면서 화가들은 더 이상 사물을 복사하듯 그려내는 것을 그만두기 시작하고 인간의 감성과 마음을 다양한 화풍에 담아 표현하게 되었습니다. 그림을 그리는 이유가 바뀐 것입니다.

 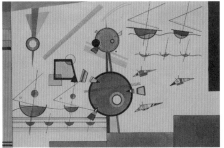

조반니 파올로 파니니의 〈현대 로마의 풍경화들이 걸린 화랑Picture Gallery with Views of Modern Rome〉(1757)

바실리 칸딘스키의 〈부유한다Schweben〉 (1924)

현재는 자신이 표현하고 싶은 대로 화풍까지도 복사해서 완벽하게 그림을 그려주는 인공지능 시대가 열렸습니다. 이제 또 다시 인간에게 그림을 그리는 이유가 무엇인지 목적을 재정립해야 할 때가 온 것이지요.

AI가 그린 고양이.

현실의 고양이.

　전문화가는 인공지능의 데이터에 존재하지 않는 새로운 화풍을 연구하고 사회와 문화에 영향을 줄 수 있는 주제와 표현 방식을 창조하는 데 더 많은 시간을 보내게 될 것입니다.

　그림에 열정은 있지만 그림 실력이 부족해서 화가의 꿈을 포기해야 했던 사람들도 화가가 될 수 있는 문이 열리게 되었습니다.

그리고 화가들 역시 농부처럼 사라지는 대신 변화하게 될 것입니다. 이제 화가는 자신만의 독특한 상상력과 사상, 아이디어를 시각화하여 표현하고 기획하는 전문가를 뜻하는 말이 될지도 모릅니다.

그러나 여전히 만약 화가나 디자이너가 되고 싶다면, 넓은 시각으로 다양한 그림 공부를 하고 많은 경험을 해야 합니다. 그림을 이해하지 못한다면 AI가 그려내는 그림이 작품으로서 가치를 가질지 판단하기 어렵기 때문에 그림 공부는 필수입니다.

하지만 그림을 얼마나 잘 그려내느냐는 더 이상 화가나 그림 관련 직업을 원하는 사람에게 필수 조건이 아닌 세상이 다가오고 강화 학습도 단점은 있습니다. 수많은 그림 관련 직업을 희망한다면 그림 실력만큼 사회 현상을 이해하려는 자세와 문화를 이끌어가고자 하는 열정 그리고 자신만의 독특한 예술적 시각을 기르는것이 무엇보다 중요합니다.

단순히 사물을 똑같이 그려내는 일에 몰두한다면 인공지능과 경쟁해야 합니다. 이것은 매우 불리한 싸움입니다.

예술을 사랑하고 세상에 대한 호기심을 놓치 마세요. 이것이 여러분의 무기가 될 것입니다.

출판기획자와 시나리오 작가

GPT-4의 능력 중에는 글을 그림이나 영상으로 바꿔주는 역할도 있습니다.

유튜브를 검색해보면 콘셉트만 정해주고 챗GPT를 이용해 극본을 쓰고 단편 영화를 만들어 올린 습작들을 발견할 수 있습니다.

아직은 장편 영화나 드라마를 만드는 수준은 아니지만. 점점 기술이 발전해 가면 이 분야가 발전하는 속도는 더 빨라지고 정교해질 것입니다. 그렇다면 이제 더 이상 시나리오 작가나 출판 기획자가 필요 없어지게 될까요?

GPT-4나 달리2가 발달하면 할수록 가장 활발해질 직업 중 하나가 시나리오 작가와 출판기획자일 수도 있습니다.

먼저 출판기획자의 경우를 살펴볼까요?

출판기획자는 어떤 주제로 책을 낼지 기획하고 작가를 섭외해 원고를 의

뢰합니다. 작가의 원고가 출판 의도와 맞는지 조율하고 책에 들어갈 디자인과 관련 자료를 찾아 책이 될 수 있도록 원고를 정리합니다.

편집디자이너가 편집을 하면 의도와 맞게 이미지와 내용이 들어갔는지 확인하는 것도 출판기획자가 해야 할 일 중 하나입니다. 때로는 작가의 원고를 교정하고 출판 부수를 결정하기도 하며 광고와 판매에도 신경을 써야 합니다.

한 권의 책이 나올 때까지 출판기획자의 권한 안에서 할 수 있는 일은 많습니다.

요즘은 1인 출판사를 설립해 혼자 출판기획을 하는 사람들이 늘어나고 있

습니다. 누구든 열정을 가지고 책을 기획하고 출판할 수 있는 환경이 마련된 것이지요.

하지만 아직은 글을 쓰고 디자인도 하고 콘셉트도 정하는 등 한 권의 책이 될 때까지 거쳐야 할 수많은 과정을 혼자서 해내는 것은 쉽지 않은 작업입니다.

그런데 이 모든 일을 도와줄 조력자가 생긴다면 어떨까요? 내가 상상하는 콘셉트에 맞게 글도 써주고 그림도 그려주고 원고의 틀도 잡아주는 조력자가 등장한 것이죠. 그것도 큰 비용을 들이지 않고도 양질의 작업 결과물을 빠른 시간 안에 내놓는 막강한 조력자입니다.

시나리오 작가도 마찬가지입니다. 영화감독이 상상하는 콘셉트를 확인 후 그에 맞는 시나리오도 써주고 영상으로 바꿔주는 조력자가 있다면 영화를 기획하고 만드는 일이 훨씬 쉬워질 것입니다.

시나리오 작가를 필요로 하는 곳은 영화나 드라마뿐만이 아닙니다. 게임을 비롯해 다큐멘터리에도 시나리오 작가가 해야 할 일들이 있습니다.

시나리오 작가가 활동하고 있는 분야는 다양합니다. 게임의 스토리텔링에 참여한 시나리오 작가는 등장인물과 배경 그리고 다양한 세계관을 만들어 게임 유저들의 흥미를 불러일으킵니다.

그리고 앞으로의 사회에서 이런 시나리오 작가를 도와 일할 직원 중에는 GPT-4와 달리2가 있습니다.

인공지능은 출판기획자에게는 원고 작가와 편집디자이너 역할을 해주고 시나리오 작가에게는 빠른 시간 안에 기승전결이 잡힌 스토리를 선물해줄 것입니다. 마음에 들지 않는다면 얼마든지 수정이 가능합니다.

이게 가능해지면 시나 리오 작가와 출판기획자 는 더 많은 시간을 기획 과 창의적인 일에 집중 할 수 있게 될 것입니다.

시나리오 작가에서 영 화 크리에이터로, 출판 기획자에서 출판 크리에

이터가 되는 것이지요.

GPT-4와 달리2를 이용해 출판기획을 하고 시나리오를 쓸 수 있게 된다면 이 직업들 또한 진입장벽이 낮아질 것입니다. 누구라도 인공지능 덕분에 쉽고 빠르게 시나리오를 쓰고 출판을 할 수 있게 되는 사회가 오는 것이죠.

하지만 누구나 할 수 있는 일이라고 해서 아무나 할 수 있는 것은 아닙니다. 대중을 사로잡아 수익을 낼 수 없다면 아무리 책을 내고 시나리오를 써도 의미가 없게 됩니다.

직업이란 수익을 내서 생활할 수 있을 때 다음을 준비할 수 있기 때문입니다.

따라서 출판기획자는 글을 쓰고 기획을 하는 일은 더 쉬워졌을지 모르지만 여전히 전체 흐름을 알고 시장을 파악하며 독자의 니즈를 이해할 수 있어야 합니다.

시나리오 작가는 시대에 대한 사고와 유행, 자신만의 아이덴티티와 관람객의 니즈가 서로 닿을 수 있도록 세상에 대한 이해와 GPT-4와 달리2로 만든 시나리오의 가치를 평가하고 수정할 수 있어야 합니다.

이런 점에서 볼 때 우리는 여전히 전문가가 되기 위한 준비를 게을리해서는 안 됩니다.

2016년 '벤자민'이라는 인공지능이 쓴 시나리오를 바탕으로 〈선스프링 Sunspring〉이라는 영화가 나왔습니다. 짧은 단편 영화로, 벤자민은 수십 편의 영화와 SF시나리오를 학습하고 이를 바탕으로 시나리오를 쓴 후 제목도 붙였다고 합니다.

이미 헐리우드에서는 AI를 이용한 시나리오를 바탕으로 시나리오 작가들이 작업하는 협업 형태가 이루어지기 시작했다고 합니다.

이처럼 인공지능은 우리를 도와주는 조력자로서 일을 하게 될 뿐, 새로운 데이터를 창조하고 문화를 만들어가는 것은 인간의 일이기 때문에 출판기획자와 시나리오 작가의 역할은 계속 이어질 것입니다.

컴퓨터 프로그래머

오픈 AI에 GPT-4가 있다면 구글에는 바드Bard가 있습니다. 바드Bard도 GPT-4처럼 생성형 인공지능입니다.

GPT-4가 세상에 준 충격이 너무나 커서 구글의 바드Bard가 주목 받지 못하고 있지만 바드Bard 또한 대화형 인공지능으로써 탁월한 성능을 갖추고 있다고 합니다.

이 인공지능들이 출시되면서 글이나 그림 음악 관련 직업에 종사하는 전문가를 긴장하게 만들고 있습니다.

하지만 예술 분야에만 챗GPT나 바드Bard가 영향을 미치는 것은 아닙니다. 생각지도 못한 분야에도 큰 영향을 미치고 있는데 그중 대표적인 것이 바로 코딩 관련 분야입니다.

챗GPT나 바드Bard가 하는 일 중에는 글을 쓰고 콘텐츠를 만들고 다양한 질문에 요약정리를 해 주고 레포트를 써 주는 것뿐만 아니라 코딩도 있습니다.

예를 들어 '출근할 때 입을 티셔츠와 바지'라는 생성버튼을 만들어 버튼을 누를 때마다 랜덤으로 바지와 티셔츠가 나오는 파이썬 코드를 짜줘'라고 명령을 하면 순식간에 코드를 짜줍니다.

매일 입을 티셔츠 코디를 위한 코딩(파이썬).

이 정도면 스타일리스트를 한 명 고용한 것과 같은 효과를 볼 수 있을지도 모릅니다. 만약 당신이 프로그래머를 꿈꾸고 있었다면 이제 꿈을 접어야 하나? 고민하게 될지도 모를 만큼 빠르게 코드를 짜줍니다.

하지만 실망하기는 이릅니다. 인공지능은 어디까지나 우리의 일을 좀 더 편리하게 해 주는 도구이기 때문에 우리의 일은 인공지능을 바탕으로 새롭게 진화하고 있습니다.

다시 한 번 강조하지만 농부
는 인류의 시작부터 있던 직업
이며 여전히 존재하는 직업입
니다. 어부와 광부, 목축 등 1
차 산업과 관련된 직업들은 발
달한 과학을 바탕으로 더 많은
일들을 하고 있습니다.

그런데 코딩이란 무엇일까요? 코딩은 컴퓨터에게 일을 시키기 위한 논리
적인 명령이라고 할 수 있습니다.

그런데 코딩을 짜기 위해서는 알아야 할 컴퓨터 언어들이 많고 코딩을 다
짠다고 해도 오류가 있는지 확인하는 작업도 시간과 인내를 필요로 합니다.
따라서 오히려 세상에 검증되어 있는 코드는 챗GPT에 맡기는 것이 더 효율
적일 수 있습니다. 자신이 짠 코드가 오류가 있는지 검증하거나 다양한 코드
를 제시하는 것은 챗GPT가 더 잘 할 수 있는 것도 사실입니다.

수학 문제를 풀 때도 다양한 방법이 있듯이 코딩 또한 문제를 해결하는 데 다양한 방법이 있습니다. 코딩에서 실제 코드를 짜는 것은 약 20~30%에 해당하며 나머지 70~80%의 일은 코드를 분석하고 적용하고자 하는 일에 얼마나 유용할 것인지 기획하고 생각하는 것이라고 합니다.

예를 들어 만약 지리산 입구에서 정상까지 등산객을 안내하는 로봇을 코딩해야 한다면, 프로그래머는 수많은 등산로를 분석해야 합니다. 가장 빠른 길, 통행료를 최소한으로 지불하는 길, 자연을 감상하면서 갈 수 있는 길, 안전한 길 등 로봇을 사용하게 될 사람들이 가장 필요로 하는 길을 조사하고 로봇에 적용할 수 있는 방법을 기획하는 것입니다.

더 나가서는 길 안내만 하는 로봇이 아닌, 유사시 불을 끄거나 조난자를 구조하는 데도 도움을 줄 수 있는 일까지 가능하도록 짜는 것도 프로그래머의 일입니다. 로봇을 의뢰한 지리산 국립공원에서 비용 절감을 위해 다양한 기능을 원할 수도 있으니까요.

그런데 챗GPT나 바드[Bard]는 필요한 코딩에 대한 명령어가 입력되어야

대부분의 등산길은 목적에 따라 선택할 수 있습니다.

만 일을 할 수 있습니다. 따라서 이 많은 경우의 수를 스스로 생각하고 맞게 짜는 것은 아직 불가능합니다. 대신 모든 분석과 기획이 끝나면 코드를 짜는 일을 아주 빠르게 실행할 수 있습니다. 프로그래머는 인공지능 덕분에 20~30%에 해당하는 작업과 오류 검증에서 자유로워질 것입니다.

코딩을 필요로 하는 분야는 다양합니다. 의료, 스포츠, 게임, 기업 등 쓰는 목적과 분야에 따라 코딩을 짜야 하며 챗GPT나 바드[Bard]를 통해 편하게 코딩을 짜는 세상이 오지만 그것을 관리하는 것은 사람의 몫입니다.

이제 컴퓨터 프로그래머는 코드를 조합하여 코딩을 하는 인내심과 체력을 소비하는 일에서 벗어나 기획자로서의 역량을 더 발휘하게 될 것입니다.

또 기존에 없던 새로운 코딩 툴을 개발하는 것도 사람의 몫입니다.

 따라서 프로그래머에게 챗GPT는 사용법에 따라서 사람을 대체하는 경쟁자가 아닌, 든든한 무기이며 조력자가 될 수 있습니다.

작곡가/연주가 음악관련 직업

생성형 인공지능의 출현은 작곡과 음악 영역에도 큰 영향을 미치고 있습니다.

GPT-4는 작곡도 가능해서 GPT-4에 원하는 음악 장르와 장조와 단조 등 기본 정보를 입력하고 작곡과 편곡을 명령하면 수분 안에 곡을 만들어 줍니다. 과연, GPT-4가 못하는 일은 무엇일까요?

작곡가나 연주가 및 음악 관련 분야 또한 인공지능으로 변화를 맞게 될 직업군 중 하나입니다. 작곡은 이미 컴퓨터 작업이 상당하게 이

루어지고 있는 분야이기도 합니다.

2023년 2월에 발표된 구글의 MusicLM은 원하는 스타일의 음악을 글로 입력하면 작곡을 해 주는 생성형 작곡 인공지능입니다.

달리2나 미드저니가 텍스트로 명령한 내용을 그림으로 그려주듯이 MusicLM는 텍스트 명령을 음악으로 바꿔주는 인공지능입니다.

또한 MusicLM은 텍스트 명령뿐만 아니라, 허밍이나 휘파람 소리에도 분위기에 어울리는 작곡을 하며, 심지어는 그림을 입력하면 그림의 분위기에 맞는 배경음악^{BGM}을 만들 수 있다고 합니다.

따라서 GPT-4나 MusicLM의 탄생은 작곡가나 연주가 및 음악 관련 직업을 가진 전문가들에게 놀라움을 넘어 긴장과 두려움을 줄 수밖에 없습니다.

생일에 어울리는 기타곡 20마디 음계 작곡해줘

당신의 생일을 축하합니다!
(Translation: Happy birthday to you!)

솔-솔-라-솔-도-시
솔-솔-라-솔-레-도
미-미-파-미-솔-라-솔
솔-솔-라-솔-도-시
솔-솔-라-솔-레-도
미-미-파-미-솔-라-솔
라-라-솔-솔-라-솔
미-미-파-미-솔-라-솔
솔-솔-라-솔-미-미-솔
솔-솔-라-솔-도-시
솔-솔-라-솔-미-미-솔
라-라-솔-솔-라-솔
미-미-파-미-솔-라-솔
솔-솔-라-솔-도-시
솔-솔-라-솔-레-도

챗GPT의 작곡 예.

작곡은 멜로디를 기본으로 코드를 입히는 형태로 이루어집니다. 코드는 일정한 규칙이 있으며 화음을 기본으로 하는 화성학을 반드시 공부해야 합니다. 그리고 화성학은 매우 어렵고 까다로운 분야 입니다.

인공지능이 잘 할 수 있는 분야는 음악 코드를 배열하는 방법입니다. 화음을 조합하여 다양한 코드를 만들어내는 일은 데이터가 많을수록 유리하거든요.

규칙을 가지고 조합하는 음악 코드는 마치 수학과도 같습니다. 수많은 경우의 수를 계산하기 때문입니다

하지만 음악은 인간의 감성에 가장 가까운 영역입니다. 기쁨과 슬픔, 두려움, 행복 등 인간의 복잡하고 다양한 감정을 표현하는 최고의 수단 중 하나입니다.

사실 인공지능이 작사작곡하는 음악은 완성형에 아주 가깝습니다. 그럼에도 작곡이나 음악을 만드는 일에 인간이 필요한 이유는 그림의 화풍처럼 새로운 스타일의 음악을 창조하고 인간만의 감성을 표현할 수 있기 때문입니다.

덧붙여 신선한 음악을 기획하고 새로운 시도를 해 볼 수 있는 것도 인간만의 영역이라고 할 수 있습니다.

따라서 작곡가 또는 음악가들이 인공지능을 이용해 좀더 독창적이고 대중에게 영감을 주는 곡을 만들 수 있다면 인공지능은 작곡가에게나 연주가에게도 편리한 도구이자 조력자가 되어 줄 것입니다. 우리가 피한다고 해서 사라질 챗GPT가 아니기 때문에 미래 작곡가를 꿈꾼다면 오히려 인공지능과 더 친해져야 합니다.

이미 인공지능은 음악 분야에서도 전문가의 경계를 무너뜨렸습니다.

GPT-4와 MusicLM과 같은 인공지능으로 인해 비전문가도 음악에 대한 열정과 아이디어만 있으면 작곡을 할 수 있는 시대가 열렸거든요.

따라서 여러분은 꿈을 이루기 위해 챗GPT를 어떻게 이용해야 할지 고민해 봐야 할 것입니다.

2023년 3월에는 챗GPT가 미국 의사면허 시험에 응시해 모든 시험을 50%가 넘는 적중률을 보여 통과했다고 합니다.

미국 펜실베니아대학 와튼 스쿨 맥 혁신경영연구소의 크리스천 터비스 교수는 23년 2월 챗GPT가 와튼스쿨 MBA의 필수 교과목인 '운영관리' 기말시험에 응시해서 'B-'에서 'B' 사이의 학점을 받았다는 내용이 들어 있는 논문 〈챗GPT가 와튼 MBA(경영학 석사)를 수료할 수 있을까〉를 발표했습니다.

또한 챗GPT는 미네소타 주립대 로스쿨의

시험에 응시해 로스쿨(법학전문대학원) 시험도 통과했다고 합니다.

이처럼 챗GPT는 다양한 분야에서 눈에 띄는 역량을 보여주고 있습니다.

그렇다면 사람의 생명을 돌보는 의사라는 전문직에도 인공지능의 영향력은 피해 갈 수 없는 것일까요?

챗GPT는 의료지식을 단 몇 초만에 정리할 수 있고 수많은 의학 사례를 모두 기억합니다. 이는 인공지능이 사람과 다른 점이자 사람이 다다를 수 없는 엄청난 능력 중 하나입니다.

이렇게 똑똑한 챗GPT가 발전한다면 의학 분야에서도 탁월한 능력을 발휘하게 될 것입니다. 지금은 챗GPT의 의학지식으로 진단을 내리거나 치료에 사용할 수 없지만 향후, 기술이 발전하게 되면 의사의 일 중 상당히 많은 부분을 인공지능이 하고 있을 것입니다.

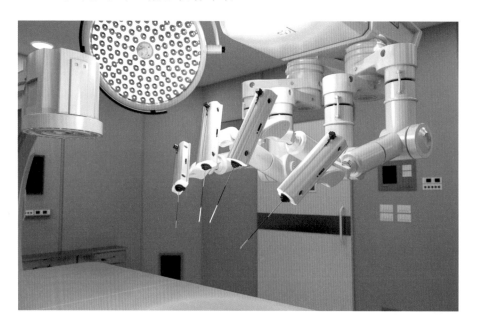

그렇다면 챗GPT가 의사의 역할 중 어떤 부분을 할 수 있게 될까요?

현재도 의료용 수술 로봇인 다빈치와 암 진단과 처방에 사용하는 왓슨이라는 인공지능이 있습니다.

인공지능이 의학에 투입되면서 가장 돋보이는 분야가 진단과 미세한 수술입니다.

의학 분야에서 진단은 수많은 사례와 다양한 검사 결과로 결정되는데 왓슨이나 챗GPT는 의학계가 입력해둔 방대한 데이터를 기반으로 다양한 사례를 검색하고 의학적 지식을 정리해 줄 수 있습니다. 이는 빠르고 신속하며 정확성이 높기 때문에 의사 입장에서는 편리한 보조자 역할을 하는 것이죠.

머리가 아프고 열이나고 콧물와 재채기가 심한데 무슨 병이야

머리가 아프고 열이나고 콧물과 재채기가 심하다면, 감기 또는 독감과 같은 상기도 감염증이 있을 가능성이 높습니다. 감기와 독감은 비슷한 증상을 가지므로, 정확한 진단을 위해서는 의료 전문가의 진료가 필요합니다.

감기와 독감의 증상은 일반적으로 다음과 같습니다.

- 머리가 아프고 피로함
- 몸살과 근육통
- 열이나고 오한
- 콧물, 코막힘, 재채기
- 목 아픔과 기침

감기와 독감은 대개 몇 일에서 1-2 주 사이에 자연적으로 치유되지만, 특정 인구군(예: 노인, 어린이, 면역력이 약한 사람들)에서는 심각한 합병증을 일으킬 수 있습니다. 따라서 증상이 지속되거나 악화되면 의료 전문가와 상담하여 진료를 받는 것이 좋습니다. 또한, 감기와 독감을 예방하기 위해서는 손씻기, 마스크 착용, 예방접종 등의 예방 조치가 필요합니다.

챗GPT의 진단과 관리의 예.

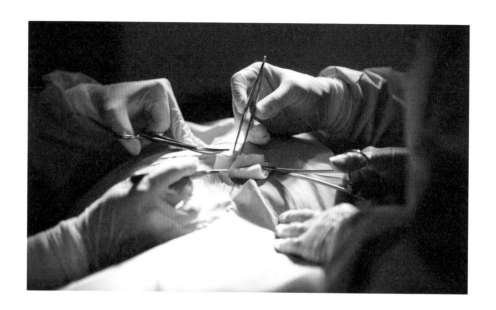

시간이 흐르면 챗GPT와 왓슨의 성능은 더 좋아질 것입니다. 이에 따라 진단과 처방과 같은 데이터에 의해 돌아가는 작업은 인공지능의 일이 될 것이며 복잡하고 어려운 수술을 하거나 다양한 치료방법을 제시하는 일 또한 인공지능이 중요한 역할을 하게 될 가능성이 높습니다.

그렇다면 의사는 어떤 일을 하게 될까요? 의사라는 직업도 필요 없어지는 걸까요?

의사는 단순히 병을 고치는 사람만을 뜻하는 것이 아닙니다. 환자와의 상담을 통해 불안해하는 환자를 위로하거나 질병의 치료 과정을 알리고 스트레스를 줄여주는 역할을 합니다. 올바른 진단을 하고 치료 과정을 아는 것만으로도 불안한 환자에게는 위로가 될 수도 있습니다.

우리는 아프면 먼저 1차 병원이라고 부르는 지역 병원을 갑니다. 이곳에서

는 의사가 하루에 진찰해야 하는 환자의 수가 적게는 수십 명에서 많을 때는 수백 명이 될 수 있습니다.

유행성 질병이 나타나면 1차 병원에서 먼저 진료를 하며 기본적인 치료가 이루어집니다. 대표적인 예로 감기, 비염, 알레르기 등이 있습니다.

하지만 중증 질병은 종합병원으로 가야 합니다. 암이나 만성신부전 등은 종합병원에서 치료하는 주요 질병입니다. 그중 대표적인 곳이 대학병원입니다.

그런데 대학병원에서 수술을 받거나 진료를 받기 위해서는 오랜 시간을 기다려야 합니다. 의사 선생님과 상담 예약을 한 번 하려면 짧게는 몇 주에서 길게는 몇 달을 기다려야 할 수도 있습니다.

이런 환경에서 의사는 환자의 마음을 읽고 아픔을 공감해줄 여유가 부족할 수 있습니다. 진단, 검사, 처방, 관리, 상담, 새로운 치료방법 공부 등 수많은 일을 하는 사이 정작 환자에게 소홀할 수도 있습니다.

챗GPT가 의료계에 이용될 분야는 무궁무진합니다. 빠른 시간 안에 응급환자에게 필요한 약을 배달하거나 환자의 상태를 스캔하고 관리하는 것 또한 가능합니다. 이 이미지는 챗GPT 등 인공지능이 다양한 분야와 협업해 환자를 치료할 수 있는 예들을 소개한 것입니다.

이런 혹독한 환경 속에서 왓슨과 챗GPT의 기술 발전은 의사의 수많은 직무를 덜어 줄 좋은 기회를 제공할 수 있습니다.

의사는 환자의 질환을 찾고 치료 방법을 고민하기 위해 오랜 시간을 할애하는 대신 전 세계의 사례들을 통해 빠르게 진단하고 치료 방법에 대해 결론을 내리는 챗GPT를 이용하면 남은 시간만큼 환자의 아픔과 고통에 공감하고 치료와 치유를 위한 더 나은 방법을 찾을 수 있을 것입니다. 의사 본연의 업무를 할 수 있는 시간이 생기는 것이지요.

의료 분야는 첨단 기기와 의료 로봇, 인공지능의 도움이 가장 빠르게 적용될 것으로 전망되고 있습니다. 인공지능은 의사의 업무를 향상시키고 보조해줄 것으로 기대되며 의사 본연의 일인 소통의 일에 더 집중할 수 있는 기회를 만들어 줄 것이란 기대를 받고 있습니다.

교사

챗GPT가 출시되면서 가장 당황스러운 현장이 교육계입니다. 미국의 대학생 및 중·고교생들까지 챗GPT를 이용해 과제를 하거나 레포트, 보고서의 초안을 잡아 제출하는 사태가 벌어지고 있어 학교장과 교사들이 난감해 하고 있습니다.

일부 학교는 챗GPT를 이용한 과제는 인정하지 않겠다고 공표했으며 심지어는 인터넷을 차단하는 사태도 발생했습니다. 챗GPT가 세상에 던져준 충격이 얼마나 컸으면 이런 일이 벌어지게 된 걸까요?

그러나 학생들 입장에서 챗GPT는 너무 좋은 도구입니다.

챗GPT의 최대 장점은 지식 정보를 요약 정리해서 다양한 형태로 풀어준다는 것입니다. 이 일은 교사가 하는 일과 아주 유사합니다.

선생님은 지식과 학교 생활을 지도하며 이를 통해 사회인으로써의 역량을 키워줍니다.

따라서 챗GPT가 출시되면서 가장 위기감을 느끼는 직업이 교사일지도 모릅니다. 아이들은 선생님께 질문하는 대신 더 친절하게 가르쳐 주는 챗GPT를 이용하면 되는 세상이 되었기 때문입니다.

그런데 이런 상황은 오래 전부터 시작되었습니다. 컴퓨터와 인터넷이 없던 시대에는 정보를 검색하거나 습득해야 할 때 도서관에 가서 책을 찾아보거나 선생님의 가르침을 받아야 했습니다. 이때는 선생님이 챗GPT였고 네이버 지식인이었습니다.

하지만 인터넷이 발달하고 무엇이든 질문이 가능한 네이버, 구글, 다음과 같은 포털 사이트들이 발달하면서 학생들은 학교에 가서 질문하기보다는 궁금할 때마다 바로 네이버 검색창이나 유튜브 동영상을 찾아 해결하기 시작했습니다.

특히 텍스트로 되어 있는 검색창보다 다양한 영상으로 지식 정보를 찾을 수 있는 유튜브의 인기가 더 높아지기 시작했습니다.

우리는 이제 궁금한 지식을 얻기 위해 도서관을 가는 것보다 빠르게 확인 가능한 인터넷에서 검색하는 것을 더 선호합니다.

최근에는 교사들 또한 유튜브를 통해서 정보를 전달하는 경우가 많아졌습니다. 학생들은 백 번의 설명보다 눈으로 인식가능한 영상을 한 번 보는 것으로 더 쉽게 이해하기 때문입니다.

한발 더 나아가 챗GPT는 단순히 정보를 나열해 주는 것을 넘어 원하는 글감 형태로 요약해 정리하고 분석까지 해 주니 그 편리함은 최고입니다.

이처럼 너무 편리한 챗GPT가 일상화된다면 앞으로의 학교에서는 교사라는 직업이 필요 없어지게 될까요?

교사를 정보전달자라고만 생각한다면 그렇게 될 것입니다. 챗GPT는 방대한 데이터를 보유한 최고의 정보 전달자이므로 정보를 검색해서 분석하고 전달하는 일은 교사보다 수천만 배 똑똑한 챗GPT를 절대 이길 수 없을 것입니다.

코로나 시대 이후 이미 많은 교육이 비대면으로 진행되고 있습니다. 챗GPT 시대가 되면서 이와 같은 현상은 더 빠르게 진행될 것입니다. 수학, 과학, 국어, 영어, 역사 등 모든 분야는 인공지능을 통한 교육이 가능해질 것입니다. 따라서 학교의 역할은 지식 전달보다는 학생들이 사회적 구성원으로 행복하게 잘 자랄 수 있도록 돕는 방향으로 더 확대될 것입니다.

하지만 학생과 공감대를 형성하고 정신적 멘토가 되어 주지는 못 할 것입니다.

교사의 업무는 지식을 전달하는 일뿐만 아니라 학생의 미래를 설계하고 개인의 역량을 개발하여 발전시킴으로써 훌륭한 사회의 구성원으로 성장할 수 있도록 돕는 일도 주요한 업무입니다. 이 안에는 학생의 성장 단계에 따른 변화를 관찰하고 상담하는 상담가의 역할도 있습니다.

선생님은 단순하게 지식만 전달하는 사람이 아닙니다. 학생들을 돌보고 사회활동을 할 수 있도록 도와주는 사람이기도 합니다. 이것은 인공지능이 할 수 없는 일입니다.

학생들 사이에서의 문제나 가정 내의 문제가 학생을 위험하게 하고 있다면 그걸 발견하고 도울 수 있는 역할도 이제 선생님에게 주어진 업무 중 하나가 되어 가고 있습니다.

그리고 이 역할은 오직 인간의 감정을 이해하고 공감할 수 있는 사람만이 가능합니다.

따라서 인공지능은 훌륭한 보조교사가 되어 서류 업무를 대신하고 입시

위주의 학습에 치중해야 하는 교사에서 벗어나 진정한 교육 상담가로서, 정신적 스승으로서 인생의 멘토가 되어 주는 선생님 본연의 일에 더 집중할 수 있도록 도움을 줄 것으로 기대하고 있습니다.

판사, 변호사 및 법률 관련 직업

'악법도 법이다'

이 유명한 명언을 여러분도 들어보았을 것입니다. 그런데 사실 이는 서양의 대표적 철학자 소크라테스의 명언으로 잘못 알려져 있습니다. 그리고 이 말이 악용되어 잘못된 법도 따라야 한다는 주장을 하는 경우가 많습니다. 또는 법을 악의적으로 이용해 잘못을 없는 일로 만드는 경우도 있습니다.

음주운전으로 사람을 죽였지만 능력 좋은 변호사 덕분에 석방된다거나 비리를 저지른 정치인들이 법의 심판을 받지 않고 태연히 풀려나와 거리를 활보하는 모습을 뉴스로 접할 때 '차라리 인공지능이 판결했으면 어땠을까?' 하고 생각해본 적 있나요?

최소한 인공지능은 감정에 이끌려 봐준다거나 권력이나 개인의 이익을 위해 판결하는 일은 없을 테니까요.

판사와 변호사 등 법률 관련 직업군 또한 인공지능을 피해갈 수 없는 직업입니다.

법은 엄청난 양의 법전을 바탕으로 여러 가지 해석을 통해 판결을 내리거나 변호를 하는 일입니다. 그래서 기본 법률과 다양한 실제 사건 사례를 많

아기돼지 삼형제에서 늑대에게 적용되는 법을 이용하 고소장 써줘

고소장

저희 세 아기 돼지 삼형제는 이렇게 고소합니다. 우리는 늑대가 저희의 집을 부숴들여와서 저희를 위협하였습니다. 그리고 그 늑대는 저희를 잡아먹으려 하였습니다. 이번 사건에서 우리는 늑대에게 적용될 수 있는 법을 기반으로 그를 고소합니다.

우선, 저희는 늑대가 집을 부숴들여온 것으로부터 부동산 침해 혐의로 고소합니다. 또한, 늑대가 저희를 위협하고 공격하였기 때문에 폭력 행사 혐의로도 고소합니다. 이러한 행위는 늑대의 법적인 책임을 초래하며, 우리의 생명과 안전을 위협했습니다. 그러므로 우리는 늑대에 대한 적절한 처벌을 요청합니다.

또한, 우리는 이번 사건에서 늑대가 우리를 위협하고, 우리의 집을 부숴들여온 것으로 보아, 동물 학대 혐의로도 고소합니다. 동물 학대는 법적으로 심각한 죄악으로 간주됩니다. 늑대는 우리를 위협하고, 우리를 위해 위험을 초래하였기 때문에 이를 동물 학대로 판단하며, 적절한 처벌을 요청합니다.

감사합니다.

세 아기 돼지 삼형제 드림

챗GPT를 이용해 작성한 고소장.

이 알고 있을수록 유리합니다.

하지만 인간은 이 방대한 자료를 전부 외울 수가 없으며 알 수도 없습니다. 그러나 인공지능은 가능합니다. 따라서 인공지능과 인간이 협업을 하면 가장 좋을 분야가 법 관련 분야입니다. 인공지능이 훨씬 효율적인 부분과 인간이 더 잘 할 수 있는 분야가 명확하기 때문이죠.

예를 들어, 방대한 판례 속에서 사건과 관련 있는 판례를 찾거나 기본 법률 상식을 검색해서 분석하고 법률 문서의 초안을 작성하는 일 등은 챗GPT에게 물어보는 것이 더 효율적입니다

또한 인공지능은 법률 전문가만 접근할 수 있었던 법의 높은 문턱을 낮추고 누구나 쉽게 법 지식을 공유할 수 있는 법의 대중화를 이끄는 일을 할 수 있습니다.

그러나 실타래처럼 꼬여 있는 복잡한 법적 문제를 다각적인 시각으로 분석하여 어떻게 적용할 것인가를 생각하고 대응하는 문제는 법 조항을 달달 외운다고 될 일이 아닙니다.

똑같은 사항도 법을 어떻게 해석하고 적용하느냐에 따라 유·무죄가 갈릴 수 있습니다.

예를 들어 어떤 사람이 슈퍼마켓에서 분유를 훔치다가 들켰습니다. 그래서

법의 심판을 받게 되었습니다.

판사는 분유를 훔친 사람에게 절도죄를 적용해서 선고를 내릴 수 있습니다. 그런데 이 사람이 왜 분유를 훔쳤는지, 만약 이 사람이 아기를 먹이기 위한 분유가 필요했는데 병이 들어 일을 할 수도 없고 돈 한푼 없는 딱한 사정이 있음을 확인한 판사가 훈방조치를 할 수도 있습니다. 또는 교통법규를 어기고 과속을 한 사람이 사실 차안에 응급환자가 있어서 빠른 시간 안에 병원에 가야만 해서 어긴 거라면 약간의 벌금으로 끝내는 것도 법을 해석해 적용하는 판사의 몫입니다.

뿐만 아니라 법적인 문제에는 변수가 많으며 그런 돌발 상황에 대응할 수 있는 순발력은 사람 변호사만이 할 수 있는 일입니다.

　2019년 8월 우리나라에서 개최된 제1회 법률 인공지능 컨퍼런스에서는 인공지능 알파로와 변호사들과의 협업 능력을 펼친 법률경진대회가 열렸습니다.

　여기에서 1~3등은 모두 인공지능과 협업을 잘한 변호사들이 차지했으며 그중 3등은 법조인이 아니었다고 합니다. 법과 관련 없는 사람이 인공지능과 협업을 통해 변호사들을 제치고 3등을 차지했다는 것은 매우 놀랄만한 사항입니다.

　이 대회의 핵심은 변호사와 인공지능이 얼마나 효율적으로 협업할 수 있는가였습니다. 대회는 성공적으로 끝났고 변호사들은 아직은 완전하지 않지만 알파로의 편리함과 효율성을 높이 평가했다고 합니다.

이 대회는 법조계 역시 이미 인공지능과의 협업에 대해 고민하고 있음을 알리는 중요 사례 중 하나였습니다.

이뿐만 아니라 법 관련 일을 하는 분야라면 챗GPT는 매우 훌륭한 검색 파트너가 되어줄 것입니다. 수많은 법조항을 사람이 모두 기억할 수는 없으며 해당 사례를 찾는 것은 더더욱 힘들기 때문입니다.

그렇다면 법 관련 직업들로는 어떤 것이 있을까요?

부동산 중개 업무를 담당하는 공인중개사 자격증을 따기 위해서는 민법을 비롯해 민사특별법, 세법 등을 공부해야 합니다.

법원이나 검찰에 제출하는 다양한 서류 및 업무를 대행하는 법무사와 납세자의 업무를 대행해 주는 세무사, 행정사, 지식재산권을 처리하는 변리사, 관세문제와 무역 관련 상담 등을 하는 관세사, 회사의 노사문제를 처리하는 공인노무사 등 그 분야는 다양합니다.

그런데 이런 일을 빠르게 인공지능이 처리하게 된다면 챗GPT를 비롯한

법과 관련된 직업들은 다양합니다.

인공지능의 이런 기능은 어쩌면 법 관련 직업들에게는 암울한 미래가 될 수도 있습니다.

하지만 어딘가는 인공지능이 할 수 없어 꼭 인간의 힘을 필요로 하는 부분이 있을 것이며 우리는 그 분야를 찾아내야 합니다. 챗GPT를 이용한 미래 사회는 이미 시작되었기 때문에 두려워하기보다는 적극적으로 사람이 해야만 하는 일을 찾아내야 하는 것입니다.

챗GPT와 알파로는 더욱 발전할 것이며 판사와 변호사 그리고 법 관련 직업을 가진 전문가들은 암기와 검색에 특화된 훌륭한 파트너로 활용해서 더 많은 일을 할 수 있을 것입니다.

여러분의 미래를 위해 새로운 것들을 이용할 수 있는 방법을 찾아내는 현명한 여러분이 되길 바랍니다.

직업은 농부처럼 진화하거나 마부나 전화 교환원, 엘리베이터 안내원처럼 사라지거나 게임 개발자, 메타버스 개발자처럼 새롭게 생길 수 있습니다. 챗

GPT의 시대가 오면서 이제 새로운 직업들이 생기거나 협력하며 발전하게 될 것입니다. 그리고 그 분야에는 법 관련 직업들도 있습니다.

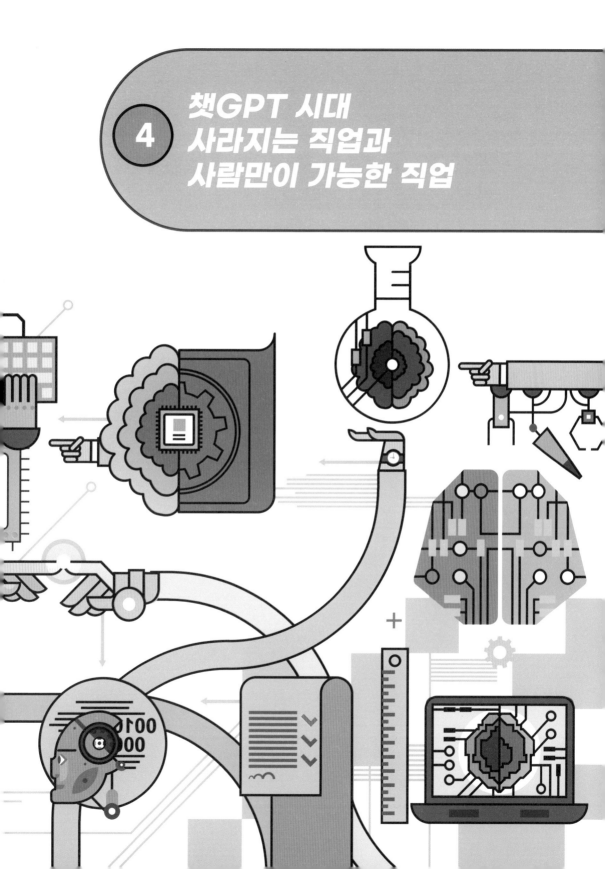

4

챗GPT 시대
사라지는 직업과
사람만이 가능한 직업

챗GPT 시대 사라지는 직업과 사람만이 가능한 직업

앞에서 세계는 이제 챗GPT 시대 이전과 이후로 나뉘게 될 것이라고 말합니다. 그동안은 로봇이나 인공지능이 단순 노동을 대체할 것이라고 믿었던 것이 챗GPT의 급속한 발전으로 이제 지식 노동의 영역을 넘어서 창작의 영역까지 대체하고 있습니다.

지식 노동자는 지식을 가지고 일을 하는 노동자를 말합니다. 대표적인 예가 의사, 약사, 엔지니어, 과학자, 공인 회계사, 변호사, 선생님 그리고 화이트칼라 등이 있습니다.

창작 노동자는 만화가, 음악가, 영화감독, 시나리오 작가, 소설가, 수필가, 화가 등이 있습니다.

사람들은 챗GPT와 같은 AI가 사람들을 도와 새로운 영역을 넓혀 나갈 것이라고 기대했습니다.

하지만 최근에는 AI의 들러리가 될 수도 있다는 우려의 목소리가 나오고 있습니다.

챗GPT와 같은 언어 기반 AI뿐만 아니라 이미지 생성 AI인 달리2나 칼로 등도 빠르게 발전하면서 우리가 생각했던 것보다 더 빠른 성장에 인간과 생성형 AI 사이에 직업적 갈등이 벌어질 것이라는 걱정을 하게 된 것입니다.

실제로 생성형 AI의 능력은 상상 이상이라고 합니다. 영국의 울티마 AI 전문가 리처드 드비어는 앞으로 5년 안에 챗GPT가 세계 노동 인구의 20%를 대체할 것이라는 전망을 내놓았습니다.

미래 어딘가가 아니라 지금 현재를 기준으로 5년 안에 챗GPT가 변호사, 의사, 행정가 등 전문직은 아니지만 1차 노동자의 직무를 할 수 있다는 소식을 전한 것입니다.

그리고 그 뒤를 이어 단순 사무직의 일도 챗GPT가 대신할 것이라는 의견도 내놓았습니다.

기자를 비롯한 저널리스트, 교육자, 그래픽과 소

자동차 공장은 이미 많은 부분이 공장형 로봇으로 대체되고 있습니다.

프트웨어 디자이너 등 특정 직업들도 생성형 AI와 경쟁해야 한다는 뉴욕대

학교 교수의 전망도 나왔습니다.

해외 전문가들이 뽑은, AI가 대체할 가능성이 높은 직업 중 몇 가지만 소개하면 다음과 같습니다.

1) 컴퓨터 프로그래밍용 코딩과 이를 활용한 소프트 개발자 등 IT 업계

소프트웨어 개발자, 웹사이트 개발자, 컴퓨터 프로그래머, 코딩 작성자, 데이터 과학자 등 수많은 수치를 확인하고 정리하고 계산하면서 정확성을 높여야 하는 직업들은 챗GPT의 속도와 정확성을 이길 수 없기 때문입니다.

2) 전문적인 문서 작성 관련 직업

기자, 보고서, 기획서 등 특화된 언어로 문서를 작성하고 보고하는 직업들은 전 세계 언어를 해석할 수도 있는 생성형 AI의 정확성과 민첩성, 방대한 자료 수집력을 따라잡기 어렵기 때문입니다.

노벨경제학상 수상의 폴 크루그먼 경제학자의 평가와 함께 언론계에서는 AI챗봇을 이용해 기사 작성을 시작했습니다. 방대한 자료를 토대로 기사를

작성한다고 해도 팩트체크를 할 수는 없기 때문에 이에 대한 검증은 사람의 몫입니다.

3) 법률 관련 사무직

수많은 법과 법 관련 자료들 그리고 판례들을 정리하고 문서로 작성하던 법률 관련 직원들의 업무는 AI로 대체될 수밖에 없습니다. 아

무리 기억력이 좋고 영리한 사람이라고 해도 AI가 가진 정확성과 자료에는

이길 수가 없기 때문입니다. 따라서 단순 법률 관련 서류 관리 및 작성은 AI로 대체될 것입니다.

하지만 선악과 사회적 도의, 상황 등을 고려해서 변호하거나 판결을 해야 하는 판사와 변호사는 당장 AI가 대체하기는 어렵다고 합니다. 법은 이론만이 아니라 감정도 함께 고려되기 때문입니다.

4) 시장 조사와 마케팅 분석 및 솔루션 제시 관련 직업

데이터를 수집하고 트렌드를 확인한 후 이를 바탕으로 효과적인 마케팅 방법을 찾는데 필요한 시장 조사원들은 직군과 직업 상관없이 모두 AI에게 넘어갈 것이라고 합니다.

인터넷 빅데이터를 비롯해 필요한 직군의 빅데이터를 제공받아 필요한 분야를 분석하는 능력은 AI가 매우 탁월하기 때문입니다.

5) 교사를 비롯한 강사직

전문가의 말에 따르면 챗GPT는 이미 쉽게 학생들을 가르칠 수준까지 와

있다고 합니다. 수많은 데이터 속에서 정보의 오류와 버그 등이 완전히 해결된 것은 아니지만 학생들의 시험지를 채점할 수 있으며 교사보다 더 정확한 채점을 했다고 합니다.

6) 자산 설계 전문가

금융 전문가, 보험 설계사, 자산 관리사 등의 직업은 수많은 수치 데이터를 분석하고 관리하는 전문가들입니다. 그런데 이를 더 많은 데이터

분석이 가능한 AI가 대체할 수 있다고 합니다. 시장의 흐름을 읽고 데이터들을 분석해 자산 투자 방향을 설계할 수 있는 상황까지 왔기 때문에 앞으로 이 직업 중 일부는 챗GPT가 일하게 될 것이라고 전망되고 있습니다.

7) 그림 작가, 그래픽 디자이너 등 이미지 생성 작가

오픈AI의 '달리-E' 등을 이용한 그래픽 이미지는 현재 거의 작가들과 비슷한 수준까지 올라와 와 있습니다.

하지만 아직 완전하지는 않으며 이를 이용해 작가들은 새로운 작업을 하게 될 것이라고 합니다. 제3장에서 이에 대한 설명을 소개하고 있으니 참고하길 바랍니다.

8) 회계사

과거에는 회계사들이 할 일이 정말 많았습니다. 영수증을 정리하고 지불되거나 입금된 것을 모두 엑셀로 정리하면서 회계 장부를 써야 했습니다. 이를 국세청에 신고하는 것도 회계사들의 업무 중 하나였습니다. 그래서 연말이면 1년치 자료를 정리해야 했기 때문에 정말 일이 많았습니다.

하지만 지금은 거의 모든 자료가 전산화되어 있습니다. 현재 사람들은 현금 대신 카드와 스마트폰 안의 은행 또는 카드 앱을 사용합니다. 이 자료들은 국세청에 신고되며 따라서 예전처럼 영수증을 모으고 기록할 일이 거의 사라졌습니다.

물론 여전히 회계사는 필요합니다. 하지만 전문가들은 앞으로 AI를 이용하지 않는 회계사들은 AI를 이용해 빠르고 정확한 일처리가 가능한 회계사들로 점차 대체될 것이라는 전망을 내놓았습니다.

9) 고객상담원

현재 빠르게 AI상담원으로 대체되고 있는 직업이 바로 고객상담원입니다. 시장조사업체 가트너는 2027년까지 아마존, 구글 등의 글로벌 기업의 고객

상담원들이 약 25% 이상 자연스러운 대화가 가능한 챗봇으로 대체될 것이라고 전망했습니다.

10) 단순 사무직

현재 사무 업무자동화 웹기반 RPA의 개발이 활발하게 진행되고 있습니다.

이는 회사의 단순 반복 업무를 자동화시키고 사람이 필수적인 곳에만 배치하는 것이 효율적이라는 기업의 판단에 의한 것입니다.

이를 통해 비용을 절감하면서도 업무의 정확성과 빠른 처리가 가능해 효율적이라고 합니다.

예전에는 카드를 쓴 후 영수증을 모아서 정리해야 했지만 지금은 카드를 쓰면 카드회사의 앱에 들어가 내가 쓴 카드 내역을 모두 확인할 수 있는 것

과 같은 이치입니다.

카드 회사나 은행 또한 이를 자동화해서 바로 데이터화시키고 있습니다.

물론 챗GPT에게도 약점은 있습니다.

학습에 필요한 저작권 문제는 이제 시작이며 빅데이터 속에 담긴 잘못된 이미지와 오류 그리고 잘못된 정보들을 어떻게 걸러낼 수 있는지도 아직 모릅니다.

사회적 합의가 필요한 부분도 많습니다. 윤리적인 문제와 명령어에 따라 전혀 다른 결과물이 나오게 되는 것 등도 계속 고민해봐야 할 부분입니다.

그래서 유럽은 규제를 강화하기 시작했습니다. 인공지능법을 만들고 엄격하게 규제하는 방법을 선택한 것입니다.

폭발적으로 성장하는 생성형 AI가 이미 출발한 상태에서 유럽의 선택이

어떤 결과를 가져올지는 미지수입니다.

그리고 우리나라도 인공지능법에 대한 논의가 시작되었습니다.

현재 AI의 세계는 본격적으로 시작된 만큼 이와 관련된 진로직업은 어쩌면 최고의 직업이 될 수도 있습니다.

이를 위해 우리 어린이들은 무엇이든 유연하게 사고하고 다양하게 바라볼 수 있는 시선을 키워야 합니다.

챗GPT와 같은 생성형 AI를 가지고 놀며 즐겁게 활용하는 것도 좋은 교육이 될 것입니다.

그런데 이런 챗GPT의 발전은 다른 한편으로는 창작자의 문턱을 낮추고 누구나 창작자가 될 수 있는 기회를 제공한다는 점에서 또한 기대가 되고 있습니다.

미래 직업 역시 이런 변화에 맞게 바뀌고 발전할 것입니다. 앞에서도 이야기했지만 사라진 직업도 있고 새롭게 나타나는 직업도 있으며 기존 직업이 새로운 기술과 결합되어 진화되기도 하니까요.

전 세계 수십 수백만 개의 자료들을 학습한 챗GPT와 같은 생성형 AI가 바꿀 미래는 먼 미래가 아니라 바로 지금입니다.

그런데 이처럼 유능해 보이는 생성형 AI가 인간을 넘어설 수 없는 직업들도 있습니다.

대표적인 직업으로는 헤어디자이너, 메이크업 아티스트, 플로리스트, 수의사 등이 있습니다.

온 세계의 사람들은 거의 모두 서로 다른 모습, 다른 피부톤, 다른 키와 각자의 개성을 담은 외모를 하고 있습니다.

머리카락은 검은색, 갈색, 금발머리, 빨간머리부터 강한 곱슬머리, 약한 곱슬머리, 반 직모, 강한 직모 등 각양각색이며 주근깨가 있거나 맑은 피부, 여

드름이 많거나 흉터가 있을 수도 있습니다.

이처럼 각자의 개성을 지닌 사람들을 위한 맞춤 헤어스타일, 메이크업을 AI가 할 수는 없습니다.

자주 염색을 해서 머리카락이 녹았거나 곱슬머리를 직모로 바꾼 뒤 염색을 하고 싶다거나 고객의 니즈를 만족시켜주기 위한 것은 AI가 할 수 없는 영역입니다.

플로리스트 또한 계절에 따른 꽃, 꽃말에 따른 꽃다발과 파티나 상황에 맞는 꽃꽂이, 축하화환 등을 AI가 만족시킬 수는 없습니다.

수의사 역시 사람이 할 수 있는 영역입니다. 의사처럼 병명을 찾고 진단하는 등은 챗GPT가 더 잘 할 수 있지만 대화를 할 수 없고 예민한 동물들의 상태는 수의사가 그때그때 상황에 맞게 판단하며 진료와 치료를 해야 합니다.

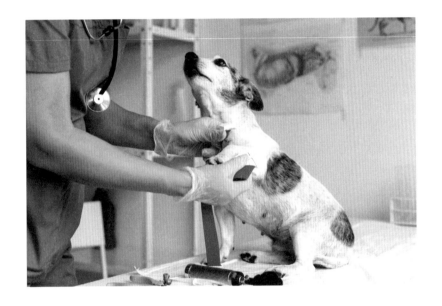

이처럼 사람의 전문적인 손 기술과 감성, 감각과 센스를 필요로 하는 직업은 빠르고 유능한 AI로도 대체하기 어렵다고 합니다.

물론 새로운 것들을 빠른 속도로 학습하는 AI이기 때문에 앞으로 어느 분야 어떤 부분까지 인간의 직무를 대신할 수 있을지는 확신할 수 없습니다.

지금도 챗GPT의 가능성이 어디까지인지 우리가 다 인지하지 못한 상태에서 챗GPT는 새로운 지식과 자료들을 계속 받아들이며 무섭게 성장하고 있기 때문입니다.

챗GPT는 수많은 데이터를 학습해 그것을 기반으로 일을 하는데, 10년의 자료를 넣으면 생성형 AI는 한 달 안에 그 내용을 모두 소화해서 적용한다고 합니다.

따라서 이 책에 있는 내용들은 여러분이 이미 시작된 챗GPT의 시대를 받아들이기 쉽도록 소개한 것이지만 시간이 갈수록 더 많은 발전을 하며 새로운 세상을 만드는 AI를 만나게 될 것입니다.

카메라와 MP3, 금융기관, 태블릿을 삼킨 스마트폰의 탄생으로 전 세계에 커다란 변화가 왔듯이 이제 생성형 AI의 출현은 세상을 또 다시 크게 바꿀 것입니다.

여러분도 이제 빌 게이츠의 말처럼 세상의 근본을 흔들 챗GPT의 세상을 ≪챗GPT 시대 10대를 위한 진로직업≫으로 시작해 볼까요?

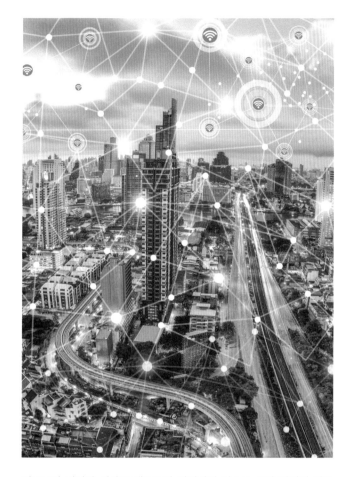

지금부터 펼쳐질 세상은 챗GPT가 발전하면 할수록 AI와 관련된 일을 하며 AI의 영향 속에서 생활하게 될 것입니다. 그리고 여러분은 그 AI의 세상을 만드는 주인공이 될 것입니다.

참고도서/사이트

오픈AI https://openai.com

네이버 어린이 백과/과학용어따라잡기

인공지능 신문 https://www.aitimes.kr

AI타임스 https://www.aitimes.com

천재학습백과 초등 소프트웨어 용어사전 www.chunjae.co.k

커리어넷 해외신직업/ 한국직업능력연구원 krivet.re.kr

엔비디아/ nvidia.co.k

용어로 알아보는 우리시대 DATA/한국정보통신기술협회

용어로 알아보는 5G/AI/Blockchain/한국정보통신기술협회

IT용어사전/한국정보통신기술협회

훤히 보이는 지능형 로봇/이재연 전자신문사 2008.12.31

소프트웨어야 놀자 https://www.playsw.or.kr

처음만나는 인공지능/김대수 생능출판 202012.09

워크넷/https://www.work.go.kr